Swetlana Geier, Februar 2008

Swetlana Geier (1923–2010), hat u. a. Sinjawskij, Tolstoj, Solchenizyn, Belyj und Bulgakow ins Deutsche übertragen. Für ihr Werk, das sie mit der Dostojewskij-Neuübersetzung krönte, wurde sie mit zahlreichen Preisen ausgezeichnet, u. a. mit dem Leipziger Buchpreis zur Europäischen Verständigung und 2007 mit dem Preis der Leipziger Buchmesse für ihre Übersetzung von Dostojewskijs ›Ein grüner Junge‹.

Taja Gut, 1949 geboren, lebt seit 1979 in Zürich. Er ist Publizist, Herausgeber und Übersetzer aus dem Norwegischen und betreut seit 2003 das Lektorat des Pforte Verlags und des Rudolf Steiner Verlags.

SWETLANA GEIER
EIN LEBEN ZWISCHEN DEN SPRACHEN

Aufgezeichnet von Taja Gut

FISCHER TASCHENBUCH

5. Auflage: Oktober 2019

Erschienen bei FISCHER Taschenbuch
Frankfurt am Main, Dezember 2011

Die Erstausgabe erschien 2008 im Pforte Verlag
© 2008 Pforte Verlag, Dornach

Foto Frontispiz: Michael Bader. Die übrigen Porträtfotos: Swetlana Geier.
Druck und Bindung: CPI books GmbH, Leck
Printed in Germany

ISBN 978-3-596-19221-2

INHALT

7 **Die Arbeit des Geistes**
Von Taja Gut

11 **Ein Leben zwischen den Sprachen**
Verbrannte Bilder 13 Feuchte Mutter Erde 17 Machorka 23
Sechs Gläser Tee 27 Mann der scharfen Messer 32 Gegen
das Gitter 37 Müde Sonne 43 Sie hat nie geruht 46 Eine
ungeheure Faszination 50 Nase hoch beim Übersetzen 59
Mazedonisches Streichholz 64 Eine Marienbader Elegie 68
Die Schlucht 75 Ich wollte studieren 79 Der «Bomben-
antrag» 83 Ein Mongolenfürst 89 Das muss doch einen
Sinn haben 95 Russische Wendungen 100 Jeder Stuhl ein
Abenteuer 106 Bahnsteig eins unter der Uhr 110 Hierony-
mus im Gehäuse 117

Anhang

127 **Ohn' Echo**
Gespräch mit Swetlana Geier, 28. Juli 1986

149 **Dostojewskij beim Wort genommen**
Gespräch mit Swetlana Geier, 11. August 1993

163 **Der Text ist immer dabei**
Gespräch mit Swetlana Geier, 6. Dezember 1999

181 Constantin Graf Stamati: Der Fall der Russin S. I.

187 Übersetzungen von Swetlana Geier

193 Chronik

DIE ARBEIT DES GEISTES

Lieber als über ihr Leben spricht Swetlana Geier von den Entdeckungen und Erfahrungen, die sie als Übersetzerin macht, ihren Reflexionen; weniger vom Übersetzen selber, das für sie ein derart natürlicher, wenn auch unergründlicher Vorgang ist wie das Atmen, das Schlagen des Herzens. So leistet sie gewissermaßen fortwährend ein Übersetzen des Übersetzungsprozesses selber, jener Urtätigkeit des menschlichen Geistes, die, weit über den jeweils vorliegenden Text hinaus, letztlich alles umfasst. Wie sehr ihr das Übersetzen eigen ist, zeigt sich beiläufig, wenn sie im Gespräch etwas zitiert; was sie wiedergibt, ist eben eine Übersetzung, *ihre* Übersetzung, prägnanter meist als das Original.

Aber auch aus ihrem Leben hat Swetlana Geier viel zu erzählen, sehr viel sogar. Was diese Erzählungen über das Individuell-Biografische hinaus bedeutungsvoll macht, ist ihre Zeitzeugenschaft. Unvergangen sind die damaligen Ereignisse ja nicht allein für die Menschen, die sie durchlitten und überlebt haben; wie ein Grundwasserstrom durchdringen sie auch das, was wir ganz allgemein und vage Gegenwart nennen.

Der Zeitraum, der sich in den hier aufgezeichneten persönlichen Erinnerungssplittern spiegelt, ist einer der abgründigsten der europäischen Geschichte. Zwei totalitäre Herrschaftssysteme unterwerfen sich den Kontinent und wetteifern geradezu in der Perfektion der Entmenschlichung und Massenvernichtung. Das alles scheint lange her und ist doch gegenwärtig in dieser Frau, die mitten hineingeboren worden ist in jene Zeit und in eine Gegend, die im Kreuzungspunkt der Schreckensherrschaften lag: ein Mensch, ein Kind, ein Mädchen mit seinen Sehnsüchten und Ängsten, seinem Anspruch auf Leben und Entfaltung, seinem unbegreiflichen Wollen.

Swetlana Michailowna Iwanowa, 1923 bei Kiew zur Welt gekommen, hat, noch bevor sie zweiundzwanzig war, beide Systeme in ihrer ganzen Barbarei erfahren. Dass sie dennoch, wie im Märchen, heil durch Hungersnot, stalinistischen Terror (dem ihr Vater erlag), Krieg, Flucht und Gestapo-Verhöre hindurchfand, dass sie während des Zweiten Weltkriegs als russische Ostarbeiterin in Deutschland von Deutschen aus dem Arbeitslager befreit wurde, eines der renommiertesten Stipendien erhielt und studieren konnte, bleibt ein Wunder. Das Wunder hat Gestalt und Namen, viele Gestalten und Namen: Menschen, die sich immer wieder selbstlos für sie einsetzten, ihr halfen, sie retteten. Ihnen, die Swetlana Geier im Gespräch dankbar würdigt, ist dieses Buch gewidmet.

Gerettet hat sie vor allen Dingen aber die Sprache, und zwar mehr noch als die russische die deutsche. In ihr war sie geborgen, lange bevor ihr dies zum Bewusstsein kam. Nicht *sie* hat sich die Sprache ausgesucht, vielmehr erhält man den Eindruck, die Sprache habe *sie* ausgesucht. Sie war ihr ganzes Vermögen und wurde ihr Schutzbrief, mehr noch: ihr Schicksal. Ähnlich wie ihr Vater war sie in der Jugend unbeirrbar von dem einen Gedanken beseelt zu studieren; einen fassbaren Inhalt, ein benennbares Studienziel fand diese Sehnsucht erst sehr viel später.

Als sie dann in Freiburg Literaturwissenschaft und vergleichende Sprachwissenschaft studieren konnte, an einer deutschen Universität, wie sie es sich als Mädchen erträumt hatte, wurde ihr jedoch, obwohl sie dabei ihre glücklichsten Jahre erlebte, deutlich, dass es nicht eine Universitätslaufbahn war, was sie anstrebte. Noch dachte sie indessen keinen Augenblick an ihre spätere Profession.

Vieles musste sich fügen, damit ihr eigentlicher, unbedingter innerer Drang sich verkörpern konnte und zu den Übersetzungsleistungen führte, die seither mit ihrem Namen verbunden sind. Die Universität aber hat sie bis heute nicht losgelassen und ihr zudem das Übersetzen ermöglicht, so dass sie niemals gezwungen war, einen Brotberuf daraus zu machen.

«Das muss doch einen Sinn gehabt haben!» ist ein Satz, der im Gespräch immer wieder fiel. Einen Sinn, in dessen Schuld sie sich sieht, den abzuarbeiten sie auch als ihre Aufgabe erkennt. Wer Swetlana Geier je in ihrem Element erleben durfte, wie sie beispielsweise aus einem tiefen Erfassen beider Kulturen heraus die geistigen Verbindungslinien zwischen Russland und Deutschland zu ziehen vermag, erfährt den Sinn und seine Kraft unmittelbar. Durch ihr vielschichtiges, klares Denken, durch ihre Erfahrungen, ihren Witz und ihr Wissen schlägt Swetlana Geier die Gäste am Teetisch ebenso in Bann wie einen überfüllten Hörsaal oder die bunt zusammengewürfelte Zuhörerschar bei einer Lesung. Weggewischt ist der Eindruck einer schon etwas gebrechlichen älteren Dame; da ist nichts als hellwache, überragende Geistesgegenwart.

Mittelbar ist dieser Sinn natürlich auch anwesend in dem, was sie zu Recht berühmt gemacht hat: die vielen meisterhaften Übersetzungen russischer Literatur, vor und über allem die großen Romane Dostojewskijs.

Swetlana Geiers Erinnerungen zu bewahren, war der Impuls zu diesem Interview; persönliche Geschichten, aus denen «die Geschichte» letztlich besteht, die aber mit dem Menschen, der sie erlebt hat, unwiderruflich verschwinden. Sie selber, das war klar, würde sie niemals niederschreiben. Auch wenn sie in den frühen Jahren zahlreiche eigene und andere Übersetzungen russischer Literatur in der Reihe Rowohlt-Klassiker mit noch immer lesenswerten Einführungen versah, Schreiben erachtet sie nicht als ihr Metier.

Die Gespräche, die dem nachfolgenden Text zu Grunde liegen, fanden an fünf Tagen in den Jahren 2004 und 2007 statt (29. Februar und 29. März 2004, 1. Mai, 12. September und 17. Dezember 2007). Spätere Ergänzungen zum bereits Gesagten sind jeweils in den entsprechenden Zusammenhang eingefügt worden. Der zur Sprache kommende Zeitraum wurde von Anfang an bewusst begrenzt auf die frühen Jahre, die Phase der prägenden Erlebnisse, bis zur ersten, schicksalhaften Übersetzung vor nunmehr einem halben Jahrhundert.

Der Anhang enthält drei frühere Interviews (1986, 1993 und 1999), die seinerzeit mehr oder weniger gekürzt erschienen und hier nun zum ersten Mal vollständig wiedergegeben sind. Sie bilden wertvolle Ergänzungen, da darin, neben weiteren biografischen Einzelheiten, vor allem die geistige Sphäre des Übersetzens im umfassenden Sinne zur Sprache kommt. Der Bericht von Graf Stamati, ihrem Schutzengel im Berlin des letzten Kriegsjahres, über den Fall der Russin S. I. aus dem Jahre 1958 ergänzt Swetlana Geiers eher zurückhaltende Schilderung jener dramatischen Zeit um wesentliche Details. Werkliste und Chronik mögen als zusätzliche Hilfsmittel dienen.

Taja Gut, Zürich, 12. Januar 2008

EIN LEBEN ZWISCHEN DEN SPRACHEN

Verbranne Bilder

Wenn Sie zurückschauen in Ihre Jugend, Ihre Kindheit: Sehen Sie Ihren Lebensweg da bereits irgendwie veranlagt?

Ich wurde 1923 in Kiew geboren, und ich war ein Einzelkind. Meine Mutter, Sofija Nikolajewna Basanowa, war achtundzwanzig, als ich geboren wurde, und mein Vater, Michail Fjodorowitsch Iwanow, zweiundvierzig. Meine Eltern waren also nicht sehr jung für die damaligen Verhältnisse. Wenn ich jetzt meine Enkelkinder beobachte, dann sehe ich, dass das ein schweres Los ist, Einzelkind zu sein.

Zu meiner Geburt war meine Großmutter mütterlicherseits zu uns gekommen; sie starb, als ich vierzehn war. Sie gehörte zu den Studentinnen der in ihren jungen Jahren gerade eröffneten Frauenuniversität, die nach dem Minister für Bildung, Graf Bestushew, genannt wurde. Sie war also eine studierte Großmutter. Und eine begnadete Vorleserin. Und das hatte zur Folge, dass ich eigentlich gar keine sogenannte Kinderliteratur hatte, sondern es wurde mir unentwegt Puschkin vorgelesen.

Meine Großmutter war aber auch eine Frau von ungeheuer strengen Sitten. Ich weiß noch, wie sie mir diese unglaubliche Novelle von Puschkin vorlas, *Das Fräulein als Bäuerin*. Darin gibt es eine wunderbare Szene: Ein glänzender junger Gutsbesitzer kommt, um Lisa, der Tochter des Nachbarn, mit der er verkuppelt werden soll, die Wahrheit zu gestehen: dass sein Herz eigentlich nicht mehr frei ist, sondern einer jungen Bäuerin namens Akulina gehört. Er weiß nicht, dass sich hinter dieser Akulina Lisa verbirgt. Und die Großmutter liest, wie der Diener ihn in das Frühstückszimmer führt, und am Frühstückstisch sitzt seine Lisa mit ihrer englischen Gouvernante. Und er eilt auf sie zu und sagt: «Akulina, meine Akulina!» – Vorhang.

Ich konnte da aber schon lesen und wusste, dass er nicht nur auf sie zu eilt und «Akulina, meine Akulina» sagt, sondern ihr auch die Hände küsst. – «Großmutter, ich finde das Ende so wunderbar, kannst du mir das bitte noch einmal vorlesen?»

Und sie las wieder: Er wurde hereingeführt, am Frühstückstisch saß seine Lisa mit ihrer englischen Gouvernante. Er lief auf sie zu, «Akulina, meine Akulina» – Die Hände wurden nicht geküsst!

Ich finde das eine wunderbare Szene. Wie hat sie da gelitten! Das hat sozusagen die Richtung in meiner frühen Erziehung angegeben. Auch dass ich meine Großmutter überlistete und das Händeküssen schon gelesen hatte und dass ich das gerne nun aus ihrem Munde gehört hätte und sie überführen wollte.

Und mit dieser Großmutter ist auch ein anderes Bild verbunden. Wir hatten Ofenheizung, und vor dem Ofen stand ein großes grünes Sofa. Und es ist niemand zu Hause außer meiner Großmutter und mir. Und wie ich in das Esszimmer trete, sitzt sie da vor dem Ofen auf dem Sofa, und das Gesicht ist tränenüberströmt. Sie hat eine große Schachtel mit Fotos vor sich und eine kleine, gerundete Schere, wie es sie für die Nagelhaut gibt. Und mit dieser kleinen Schere zerschneidet sie Fotografien und verbrennt sie im Ofen. Und wirklich, das alte Gesicht ist tränennass. Und ich bin auf sie zugegangen: «Was machst du, warum weinst du?» Und ich sehe, das sind die Fotografien aus ihrem Elternhaus, aus ihrem Leben – ihr Vater war General, ihr Mann ist im japanischen Krieg gefallen, und ihre beiden Söhne waren im Kadettenkorps. Der eine wurde später einer der ersten russischen Flieger. Und sie schneidet also aus diesen Fotos meine Mutter heraus und legt sie zur Seite und verbrennt die restlichen Bilder. Aus Angst, dass das für meinen Vater zusätzliche Schwierigkeiten geben könnte, wenn bei einer Haussuchung bei uns diese vielen Offiziere gefunden würden. Ich besitze noch so ein kleines Bild von einem Mädchen, das da steht und die Zunge rausstreckt. Die Brüder haben meiner Mutter beigebracht, wenn man fotografiert wird, muss man die Zunge herausstrecken. Und das ist so richtig rund ausgeschnitten. – Ja, auch das ist ein Bild.

Die Mutter, Sofija, im Alter von ca. 6 Jahren mit ausgestreckter Zunge; von deren Mutter ausgeschnittenes Foto.

Und dann diese große Hungersnot in der Sowjetunion durch die Kollektivierung. Wir wohnten parterre, und oft konnte ich nicht rechtzeitig in die Schule gehen, weil bei uns vor der Haustür ein Toter lag. Das war die große Hungersnot, die die sehr vermögenden ukrainischen Bauern ausmerzen sollte. Es war eine künstlich erzeugte Hungersnot. Es waren bis dahin gute fruchtbare Jahre gewesen, aber dann hat man den Bauern die Vorräte und das Saatgut weggenommen.

Es hat für später insofern auch eine große Bedeutung gehabt, weil Dostojewskijs *Aufzeichnungen aus dem Kellerloch* bei mir eben «Aufzeichnungen aus dem *Kellerloch*» heißen – und nicht «aus dem Untergrund» oder wie man es sonst immer übersetzt hat. Denn seit *der* Zeit als kleines Mädchen weiß ich, dass in Russland auf dem Land und zum Teil auch in der Stadt, zum Beispiel bei unserem dreistöckigen Haus, nicht unterkellert wurde. Und der Raum zwischen dem Mutterboden und dem Estrich, der wurde oft von Bauern gebraucht, um Saatgut aufzuheben oder überhaupt um etwas zu verstecken – eine tote Großmutter oder so. Und als bewaffnete Trupps durch das Land zogen und den Bauern das Saatgut fürs nächste Jahr wegnahmen, da haben die Bauern eben die Bretter gehoben und diese Kellerlöcher mit Saatgut oder Saatkartoffeln gefüllt. Das sind also weder Keller noch Untergründe, sondern das sind eben diese Kellerlöcher.

Und noch so eine Erinnerung, die ich bestimmt mit in den Tod nehme: Wir sind bei meinem Vater auf dem Land, und er ist da und steht uns zur Verfügung, und wir machen einen Abendspaziergang durch die Felder. Und plötzlich nimmt mich meine Mutter bei der Hand und geht mit mir vor, mein Vater bleibt zurück. Da war ich noch nicht in der Schule. Und ich drehe mich natürlich um und sehe, da ist ein Feldweg, links und rechts Korn, und am Rand des Feldwegs liegt ein Mann auf der Seite und schläft. Und mein Vater bleibt bei ihm stehen und zieht aus der Tasche ein Taschentuch und deckt dem Mann das Gesicht mit seinem Taschentuch zu. – Das war der erste Tote, den ich sah. Mitten im Kornfeld.

Und einmal gingen wir in Kiew ins Konzert, es war Sommer, das Konzert sollte in dem Palais von Katharina der Großen stattfinden. Als sie seinerzeit eine Reise durch Russland machen wollte, hat Potjomkin einen italienischen Baumeister, Rastrelli, beauftragt, auf der Route der Katharina solche Operettenbauernhäuser hinzustellen, mit artig gekleideten, glücklichen, wohlgenährten Landleuten, Potemkinsche Dörfer eben, und da, wo sie übernachten sollte, eine Hofkirche und ein kleines Schloss. Und das ist in Kiew noch wunderbar erhalten, hoch über dem Dnjepr, ganz zauberhaftes leichtes Barock. Und da sollte also im Schloss ein Konzert gegeben werden, und wir gingen hin, und da ist der Park, der zum Palais gehörte, und davor ein wunderbares schmiedeeisernes Gitter, und hinter dem Gitter steigt der Boden an. Und da liegt ein kleines Mädchen; so fünf, sechs Jahre alt. Unter dem Röckchen ganz nackt, und das Röckchen war raufgerutscht, und man sah die blauvioletten Beinchen und Oberschenkelchen. Und ich fing furchtbar an zu weinen, und wir konnten nicht ins Konzert gehen, weil ich mich nicht beruhigen ließ. Ich wusste gar nicht, dass das ein verhungertes Kind ist. Ja ...

Feuchte Mutter Erde

Wie verhält es sich eigentlich mit Russland und der Ukraine: Ist es dasselbe Volk?

Hier ist das Schwarze Meer, hier das Asowsche Meer; da ist der Kaukasus. Und hier die Stadt Kiew, sie liegt am Dnjepr. Dieser Strom, der ist für Russland das, was der Rhein für die Deutschen gewesen ist. Und alles, was von Norden kam, kam den Strom herunter. Auch die Normannen. Im Süden sind ganz große Schwellen gewesen, da war der Strom nicht befahrbar. Da wurde getreidelt, um nach Konstantinopel zu kommen. Und die Legende erzählt, dass eine Abordnung der Slawen zu den Normannenfürsten gegangen sei – Rjurik hieß das Geschlecht – und gesagt haben soll: Unser Land ist reich, aber Ordnung ist keine. – Wie heute. – Kommt und regiert uns! Und dann sind drei Brüder Rjurik gekommen, Kij, Schtschek und Choriw, und haben oberhalb von diesen Schwellen, an dieser Stelle, eine Stadt gegründet: die Stadt Kiew. Und man sagt, dass das berittene Gefolge der normannischen Ritter und Fürsten *Rus* hieß. Und das Land, das sie regierten, hieß dann Rus. Das ist das alte Wort für Russland.

Und eines Tages hat Fürst Wladimir, ein Slawe, ein Nachfolger von Rjurik, verstanden, er muss international werden. Und er hat sich bemüht um Beziehungen zu Byzanz. Da hat der Kaiser von Byzanz gesagt: Du kannst meine Schwester haben, wenn du Christ wirst. Und Wladimir hat sich taufen lassen – das ist vor neunhundert Jahren gewesen –, sich und die Bevölkerung von Kiew, hat sie einfach in den Strom getrieben.

Das ist sehr interessant, weil das einer dieser ganz plötzlichen Übergänge war. Gestern noch haben sie ihre Götzen angebetet, und heute mussten sie diese in den Strom werfen und selber nachspringen, und dann waren sie Christen. Und dann sind sie weinend – das ist nun Geschichte – den Strom entlang gelaufen und haben ihre Götzen begleitet. Und deswegen hat das russische Christentum zum Glück sehr viele heidnische Züge. Die Bedeutung der Erde zum Beispiel, die ist heidnisch.

Und wir haben – und das ist ein großer Nachteil –, wir haben gar keine Mythologie. Es gibt nur einzelne Götter, deren Namen und Funktion erhalten geblieben sind, aber nicht diese zusammenhängende Sagenwelt wie bei den Griechen, den Germanen. Und das ist sehr wichtig, weil die Mythologie eigentlich das Spiegelbild der sozialen Verhältnisse ist. Und wir haben das gar nicht. Das ist ganz merkwürdig. Und deswegen hat zum Beispiel die Erde ihre Mutterfunktion behalten und wird oft mit der Jungfrau Maria gleichgesetzt. Es ist nicht die Gäa, sondern – man kann das gar nicht immer genau trennen – die Mutter Christi, und deswegen ist auch Christus eigentlich ein Erdgott. Weihnachten ist für die Russen nicht wichtig. Wichtig ist die Jordantaufe.

Ich habe zum Beispiel früher nie verstanden, warum man von der «*feuchten* Mutter Erde» spricht. Ich bin ja in der Ukraine aufgewachsen, und dort ist der beste Boden der Welt: *Tschernosjom*, Schwarzerde. Es ist ein sandiger Boden mit einem nahezu hundertprozentigen Humusgehalt. Und deswegen ist dies die Kornkammer; auch Hitler wollte sofort die Ukraine haben. Und der Boden ist dadurch, dass er sandig ist, eigentlich so locker, dass er nach einem

Regen in zwei Stunden wieder trocken ist. Und ich habe immer gedacht, wieso «feuchte» Erde?

Weil eben bei der Taufe, bei der Jordantaufe, Christus in die russischen Flüsse eingezogen ist. Die Russen wussten natürlich, dass der Jordan in Palästina ist. Aber trotzdem fand die Taufe in den russischen Flüssen statt. Und so wie sich die Blutadern durch den menschlichen Körper ziehen, so durchströmen die Flüsse die Erde und bringen sozusagen das Jordanwasser in die russische Erde. Deswegen ist es so wichtig, dass es die *feuchte* Erde ist: weil in der Erde sozusagen die ständige und ewige Anwesenheit des Taufakts im Jordan lebendig ist. – Das ist doch eigentlich unglaublich, nicht? Denn sie *wussten*, dass das nicht in Russland ist, und trotzdem –

Und dann hieß es, dass zum Beispiel die Tiere das wissen in der Epiphaniasnacht und sich alle, wenn sie nicht angebunden sind, nach Osten drehen. Die Tiere feiern das mit. Und dann wurden auf den Flüssen Eisblöcke gehackt, und man baute über diesem Wasserloch eine Kapelle, einen Altar aus Eis, und da wurde dann ein Gottesdienst gehalten. Das ist eines der schönsten Feste gewesen, und dann sind die Leute bei dreißig Grad Kälte in dieses Wasser getaucht. Auch mein Vater hat das als Student gemacht. Und er hat gesagt, es sei gar nicht kalt. Man zieht sich aus, man taucht ein, und bevor die Kälte registriert wird, steigt man schon wieder raus, und dann sind da Decken und Wodka und heißes Getränk, und man ist wieder erwarmt.

Es gibt auch ganz wenig slawische Namen, weil man bei der Taufe auf den griechischen und lateinischen Vorrat zurückgegriffen hat. *Wladimir* ist slawisch: die Macht der Welt; und *Swetlana*: *Swet* ist das Licht. Und Swetlana war die Schwester der Fürstin Olga. Und die Olga – das ist also Helga, ein nordischer Name – hat sich taufen lassen. Und Swetlana hat sich nicht taufen lassen und ist als Heidin gestorben. Und als ich 1923 geboren wurde, da wohnte wie gesagt meine Großmutter bei uns, die war sehr fromm und wollte, dass ich getauft werde. Es gab schon keine Kirchen und keine Geistlichen mehr. Aber mein Vater hat, obwohl er dazu gar kein Verhältnis hatte, irgendwo auf dem Land einen Geistlichen gefunden. Der kam heimlich, in Zivil, mit einem Köfferchen. Und dann hat er gefragt: «Wie soll das Mädchen heißen?» Und meine Mutter hat gesagt: «Swetlana». Da hat der Priester gesagt: «Ich kann sie nicht auf diesen Namen taufen, ich kann sie nur auf einen Heiligennamen taufen.» Und er hat vorgeschlagen: «Ich werde sie auf den Namen Sofija taufen, und Sie können sie dann ja Swetlana nennen.» Da hat meine Mutter, die eine christliche Heidin war, gesagt: «Dann bleibt sie ungetauft!» Darauf hat der Arme dann ein Kreuz geschlagen und mich getauft – auf den Namen *Swetlana!* – Und man kann sich nun überlegen, ob diese Taufe überhaupt gültig ist. Oder ob ich die erste Heilige dieses Namens bin –

Dann ist die Ukraine eigentlich das russische Urland?

Ja, das ist die sogenannte Kiewer Rus. Sie dauerte bis zum 12. Jahrhundert und war sehr wichtig. Erstens war es der einzige Zugang zu einem Meer. Zweitens lag es in Nachbarschaft zu Byzanz, und drittens war es ein ganz flaches Land, nach allen Seiten offen. Und im 12. Jahrhundert kamen die Mongolen. Und da hat Russland eigentlich Europa gerettet. Weil das Land so groß war, dass die Mongolen nicht mehr weiter gezogen sind. Sie wollten ja bis Wien. Und als sie sich zweieinhalb Jahrhunderte später wieder zurückgezogen haben, war hier, in der Kiewer Rus, verbrannte Erde.

Eigentlich haben diese 250 Jahre, von 1200 bis zum 15. Jahrhundert, dem Russen das moralische oder sittliche Rückgrat gebrochen. Weil man sich daran gewöhnt hat, dass es keine Gerechtigkeit gibt. – Das ist nicht etwa meine Idee, das ist eine Meinung der Historiker. – Es wirkt sich dies heute noch auf unsere soziale Moral aus. Das Gericht zum Beispiel fürchtet man wie die Hölle. Das Gericht hält man grundsätzlich für ungerecht. Und darunter leiden wir heute. Wir haben kein Verhältnis zur Demokratie. Wir sind für Demokratie absolut ungeeignet. Wir haben keinen Sinn für soziale Gerechtigkeit, wir glauben nicht daran.

Das heißt, es gibt eigentlich keinen Unterschied zwischen Russen und Ukrainern?

Als die Mongolenherrschaft vorüber war, ist von Russland nur das geblieben, was tief in den Wäldern lag. Wo die Mongolen, dieses Reitervolk, nicht hin konnten. Und das war Moskau. Es lag in undurchdringlichen Wäldern. Und dann hat sich Moskau eben zu einem Primus unter lauter kleinen Fürstentümern entwickelt und ist unter dem Fürsten, der der Sammler, *Kalita*, hieß, gewachsen. Und seit Iwan dem Schrecklichen besteht ein Imperium mit dem Zentrum Moskau. Und von da an begann die Expansion, wurde der Ural überschritten und Sibirien einverleibt. So wurden wir zu einem Sechstel des Erdballs.

Die Ukraine nun war sozusagen der Hauptsitz der Mongolen gewesen, und die Sprache hat sich dort gewissermaßen konserviert. Das, was man Ukrainisch nennt, ist also Russisch, aber ein konserviertes Russisch. Es ist sozusagen Vorbarock – Ukrainisch verhält sich zu Russisch etwa wie Monteverdi zu Wagner. Es ist eine sehr, sehr schöne Sprache. Es hat natürlich dasselbe Alphabet, weil hier auch das erste Lehrkloster war. Aber es gibt Eigenheiten. Die Vortreppe heißt beispielsweise auf Russisch *kryl'zo* und auf Ukrainisch *hanok*. Die Russen können das «h» nicht sagen; Hölderlin, Hegel, Herzen heißen bei uns Gelderlin, Gegel, Gerzen. Die Ukrainer aber haben dieses «h». So erkennt man natürlich sofort am Dialekt, dass der Mensch aus der Ukraine ist.

Unter dem Sowjetregime gab es in der Ukraine Schulen mit Unterrichtssprache Russisch und Schulen mit Unterrichtssprache Ukrainisch. Entsprechend wurde es in allen größeren Städten der Nationalrepubliken gehandhabt – es waren deren elf zu der Zeit. Russisch aber war – wie Englisch in allen englischen Kolonien – die Staatssprache und die Pflichtsprache. Ich ging in eine russische Schule und habe acht Stunden in der Woche ukrainische Sprache und Literatur gelernt, und in den ukrainischen Schulen hatte man acht Stunden russische Literatur und Sprache.

Auch der Sitz der russischen Bibel war hier bei Kiew, die Lawra, das Höhlenkloster. Wir hatten ja ursprünglich keine Schrift, und dann haben die beiden griechischen oder bulgarischen Mönche Kyrillos und Methodios mit Hilfe des griechischen Alphabets und des bulgarischen Idioms die Bibel aus dem Griechischen ins Russische übersetzt. Und diese Bibel wurde bis in die Zeit vor Peter dem Großen gelesen. Dann kam ein Metropolit, der die Bibel und die Riten reformieren wollte. Das ist eine lange blutige Geschichte, die Verfolgung der sogenannten Altgläubigen. Die wollten die alte Bibel und die hergebrachten Riten behalten. – Raskolnikow heißt übrigens «Raskolnikow», weil er von diesen Altgläubigen stammt, die auf Russisch *Raskol'niki*, Schismatiker, genannt wurden. *Verbrechen und Strafe* hat also eine ganz ausgedehnte Vorgeschichte.

Die erste russische Kirche war dann die *Desjatinaja*, die Zehnt-Kirche in Kiew (nach dem «Zehnten» der Abgabe). Meine Großmutter und ich standen dabei, als sie abgerissen wurde. – Dann wurde auch das Höhlenkloster gegründet, für die Ausbildung der Priester und die Vermittlung der Bibel. Eines Tages hat man festgestellt, was schon die Heiden wussten, dass der Sand, auf dem dieses Kloster steht, besondere hygroskopische Eigenschaften hat: Die bestatteten Leichen zerfallen nicht. Die Höhlen sind voller mumifizierter Leichen. Das liegt an der ganz besonderen Bodenbeschaffenheit. Zu meiner Zeit war die Lawra eine Art Antireligionsmuseum, denn das hat man alles für Hokuspokus angesehen.

Als sich dann das große Nordrussland stabilisierte, gab es sehr bald nationalistische Tendenzen. Und Moskau und Petersburg hatten natürlich das Bestreben, sich dieses *reiche* Land, die Ukraine, einzugliedern, weil Russland eigentlich keinen reichen Boden hat, es ist kein reiches Land. Und natürlich auch wegen des Ausgangs zum Schwarzen Meer.

Die Ukraine war da so eine Art Sparta, es war eigentlich ein Kosakenland, ein Männerstaat. Den Süden bevölkerten nur Männer, hinter den Stromschwellen, *Saporoshskaja setsch'*, die Frauen wohnten in den Dörfern, und die Männer lebten hier und kamen an Feiertagen zu ihren Familien und sorgten für Nachwuchs und waren eine bewaffnete Macht. Deswegen waren die sehr wichtig, auch für die Russen, weil sie die Türken abgewehrt haben – auf der Krim herrschte zum Beispiel ein türkisches Khanat –, und weil sie den Westen abgewehrt haben, vor allen Dingen Polen. Das sind also die ukrainischen oder die Saporoger Kosaken.

1934 aber, also zu meiner Zeit, gab es einen großen Prozess gegen die ukrainischen Nationalisten. Weil das hier immer gegrummelt hat, die Ukrainer waren immer sehr viel reicher als die Russen. Die haben Kohle – das Donezbecken hat unerschöpfliche Kohlenvorräte –, und haben Brot. Mehr braucht der Mensch gar nicht.

Machorka

Vielleicht könnten Sie an dieser Stelle etwas von Ihren Vorfahren erzählen?

Ich kenne nur diese eine Großmutter, die Mutter meiner Mutter. Mein Vater war der Älteste von sechzehn Geschwistern, aber es haben nie mehr als neun gelebt. Sein Großvater, mein Urgroßvater also, war ein hoher Geistlicher. Vielleicht ist deshalb mein Großvater als Student ins Volk gegangen. Er studierte Theologie, das war ganz klar, als Sohn dieses Geistlichen musste er Theologie studieren. Aber er hat das Studium aufgegeben und hat – wie es damals für Tolstoj-Jünger üblich war – eine Bäuerin geheiratet. – Und *diese* Großmutter, auf die ich besonders stolz bin, konnte weder lesen noch schreiben. Der Großvater war dann sogar Gutsverwalter irgendwo auf einem kleinen Gut in der Ukraine. Aber er hat sehr bald angefangen zu trinken, und einmal ist er im Winter vor seinem Haus in betrunkenem Zustand hingefallen und erfroren.

Und mein Vater ist in die Kreisstadt gegangen, nach Gluchow, und hat da als Lehrjunge oder so was beim Stadtbäcker gearbeitet. Er hat die Kirchenschule besucht – die Kirchenschulen dauerten vier Jahre – und anschließend die Stadtschule. Er hat etwas Geld gespart, ich glaube 15 Rubel, und ist eines Tages zum Bahnhof gegangen, zum Zug nach Moskau – Gluchow ist eine ganz kleine Stadt – und hat zu den Schaffnern gesagt: «Nehmt mich mit! Hier – ich habe Geld. Und wenn ihr mich nicht mitnehmt, dann fahre ich schwarz.» Und dann haben die Schaffner gelacht und gesagt: «Was willst du denn in Moskau?» Mein Vater hat gesagt: «Ich will studieren.» Natürlich gab es für diesen Jungen, der praktisch nie ein Buch gesehen hat, nur die Möglichkeit, Pfarrer oder Landwirt zu werden. Was anderes gab es gar nicht.

So ist er nach Moskau gekommen und hat sich durchgefragt bis zu der Landwirtschaftlichen Akademie vor den Toren Moskaus und hat sich dort weiter durchgefragt zu irgendeinem Professor. Der sagte ihm: «Ausgeschlossen, du kannst nicht studieren, geh nach Hause und werde ein tüchtiger Bauer. Ich bezahle dir die Rückfahrkarte.» Aber mein Vater ließ nicht nach: «Geben Sie mir eine Aufgabe.» Und dann hat der Professor ihm irgendwas an die Tafel geschrieben. Nach einer Weile kam er wieder ins Zimmer, sah, wie mein Vater rechnete, und sagte: «Ich hab' es dir doch gesagt, nun hör auf und geh nach Hause. Nimm den nächsten Zug.» – Es wurde dunkel, und mein Vater rechnete immer noch. Irgendwann kam ein anderer Professor, es war sonst keiner mehr in der Akademie, und fragte: «Was machst du denn hier?» Vater sah inzwischen auch entsprechend aus: «Hier, ich hab' eine Aufgabe bekommen, und ich habe sie gerade gelöst.» Da hat der Professor sich die Tafel angesehen, hat wahnsinnig gelacht und gesagt: «Noch nie hat ein Mensch eine Aufgabe so gelöst wie du. Aber du hast sie gelöst. Ich nehme dich.»

Und das war sein Glück, weil dieser Professor sich dafür eingesetzt hat, dass mein Vater später eine Stelle bekam. Und er hat ihm ab und zu auch was zum Verdienen gegeben und ihm gelegentlich einen Schüler geschickt – in *Mathematik!* So dass mein Vater sich einkleiden konnte. Aber er hat zeit seines Studiums in der Armenküche gegessen. Das war eine Einrichtung in Moskau, große Räume mit riesigen Holztischen, und um zwölf Uhr kamen Kessel aus den Metzgereien mit Fleischabfällen. Es wurde natürlich dann alles sauber gekocht, aber es waren also Knochen und Sehnen und Schwarten. Und mein Vater hat später erzählt, es sei ein Glück gewesen, dass es auch große Töpfe mit Senf gab. Er hat sich dann so viel Senf draufgeschmiert, dass er nicht sah, was er aß. Und von den Bäckern kamen die unverkauften Brote vom Vormittag, so dass man sich da satt essen konnte. Zeit seines Studiums, sechs Jahre lang!

Und wie hat er gewohnt?

Das weiß ich gar nicht. Wahrscheinlich – man konnte sich ja irgendwo in einer Wohnung eine Ecke mieten. – Und danach hatte man ihn am Lehrstuhl der Landwirtschaftlichen Akademie behalten als Assistent. Es waren da an diesem Lehrstuhl zwei Assistenten. Aber mein Vater wollte nicht in der Wissenschaft bleiben und ist dann in die Praxis gegangen. Er war eigentlich ein Samenkundler. Es gab damals einen Zuckerrüben-Magnaten, Tereschtschenko, dem gehörte die halbe Ukraine. Und mein Vater hat sich während des Studiums auch mit den Zuckerrüben befasst. Und so kam es, dass er bei Tereschtschenko die Güter betreute. Und danach arbeitete er über Tabak- und Machorkapflanzen. Das einzige Institut dafür befand sich in Kiew, das WIMP, *Wsesojusnyj Institut Machortoschnoj promyschlennosti*, das Allunionsinstitut für Machorka-Industrie. Da waren riesige Säle mit flachen Vitrinen, und in diesen Vitrinen lagen kleine viereckige Saugpapiere mit winzigen Samenkörnchen. Da wurde also alles Mögliche getestet, Widerstandsfähigkeit, Keimfähigkeit und Ähnliches. Er war in der Forschung tätig. Es gab auch eine Zeitschrift, *Selekzija i Semenovodstvo, Selektion und Samenkunde*, in der er publizierte. Diese Zeitschrift sehe ich noch vor mir, aber ich weiß nicht, ob er auch Bücher geschrieben hat.

Mit Mutter und Vater auf der Datscha in Klawdijewo, ca. 1933.

Und als später die Deutschen in Kiew waren, kamen eines Tages zwei Herren aus Rowno von der Zivilverwaltung und haben nach meinem Vater gefragt. Sie kannten seinen Namen aus den Veröffentlichungen, weil es ja auch ein sehr seltenes Fach war. – Da war er aber schon lange tot.

Wie kam er dazu, nach Kiew zu gehen?

Lange Zeit hat mein Vater auf dem Land gelebt. Sehr viel auf dem Gebiet der Landwirtschaftsforschung spielte sich in der Ukraine ab. Das war eigentlich selbstverständlich. Tabak und Machorka brauchen bestimmte Jahresdurchschnittstemperaturen. Die gab es im Kaukasus und in Mittelasien. Und im europäischen Russland nur in der Ukraine. Machorka ist eine Sorte von Tabak, sieht auch so aus, hat aber sehr viel fleischigere Blätter und eine unscheinbare, schmutziggelbe Blütendolde. Es wird sehr viel gröber geschnitten als der Tabak, ist sehr viel deftiger, sehr viel stinkiger als Tabak. Und das wird geraucht. Die «Selbstgedrehten», die das Volk raucht, die sogenannten «Ziegenbeinchen», sind nur Machorka. Die Russen sind so fix darin gewesen, das weiß ich noch, dass sie sich eine Zigarette in der Tasche drehen konnten.

Aber als ich geboren wurde, hat sich natürlich einiges verändert. Ich bin ja auf einer Zuckerplantage geboren, in Koshanka, wir haben da an verschiedenen Orten um Kiew herum gewohnt. In größeren Siedlungen immer, in einer fast ausschließlich von Juden bewohnten Gegend, zum Beispiel Shitomir und Uman, oder Bobrowka – meist bei irgendwelchen großen Zuckerfabriken. Um diese Zuckerfabriken herum wohnten ein paar Bauern und Angestellte von dem Kombinat, das waren keine richtigen Ortschaften. Aber wohl so um 1929 herum sind wir dann nach Kiew gezogen. Also noch bevor Kiew Hauptstadt geworden ist. Mein Vater hat uns die Wohnung gesucht, und meine Mutter war ihr Leben lang mit der Wohnung unzufrieden. Es war parterre, und es war dunkel, ein ziemlich großer Altbau. Man musste ja nachher, nach 1934, Wohnraum abgeben, wir durften aber drei Zimmer behalten, weil mein Vater diese Stellung hatte. Ich glaube, ich war in der Schule die Einzige, deren Familie drei Zimmer hatte.

Sechs Gläser Tee

Wie hat er denn Ihre Mutter kennengelernt?

Das war in Poltawa, einer Stadt in der Zentralukraine. Meine Mutter ist die Jüngste von vier Kindern gewesen, und das ist jetzt eine sehr hübsche Geschichte. Meine Großmuter mütterlicherseits – Angeline, eben diese Studierte – war die Tochter des Polizeipräsidenten von Odessa. Er hieß Kusowlew. Und er hatte diesen hohen

Posten bekommen, weil er ein Held des Krimkriegs war. Es hat sogar früher in Sewastopol ein Denkmal von ihm gegeben: mein Helden-Urgroßvater, reitend. Vor seinem Haus war ein Wachhäuschen, und da stand immer ein Wachsoldat. Er hatte also vier Töchter und zwei Söhne. Die Söhne waren beide Offiziere, und von den vier Töchtern waren drei sehr schön. Meine Großmutter durfte studieren, weil sie die Unschöne war.

In der Oper hatten sie eine Loge für sich, und es gab eine feste Ordnung, wie die Töchter da zu sitzen hatten. *Tjotja* Natascha war sehr hübsch, sie durfte so sitzen, dass ihr Gesicht nach rechts, dem Saal zugewandt, war. Und *Tjotja* Sonja – die hab' ich noch gekannt, sie hatte als Mädchen einen Zopf, der bis zu den Knien reichte (die waren übrigens gar nicht besonders schön) –, die musste mit dem Gesicht nach links gewandt sitzen, damit man den Zopf sah. Und ich weiß schon gar nicht mehr, wie *Tjotja* Ljolja sitzen musste, aber meine Großmutter musste von der Bühne abgewandt sitzen, den Kopf aufgestützt, damit man einen schönen Unterarm sieht – weil sonst nichts vorzeigbar war. Und *deswegen* durfte sie studieren in dieser hochgestochenen Universität für die oberen Zweitausend in St. Petersburg.

Und ich nehme an – das habe ich aber erst hier verstanden –, dass meine Großmutter eine Hüftluxation hatte. Denn sie hinkte ein bisschen. Aber in den feinen Häusern hat man darüber nicht gesprochen. Ich habe sie gekannt, aber ob die Großmutter hinkt oder nicht, das bemerkt man als Kind gar nicht.

Ihre drei Schwestern haben sehr früh geheiratet. Die eine einen Seeoffizier; der ist eine Woche, nachdem sie getraut waren, auf hohe See gegangen und nie wieder zurückgekommen: Das Schiff ist untergegangen. *Tjotja* Sonja hat einen Medizinprofessor geheiratet, *Tjotja* Ljolja auch. Meine Großmutter kam als Studierte von St. Petersburg nach Odessa zurück. In solchen Städten wurde immer ein Regiment einquartiert. Und da war gerade ein neues Regiment gekommen, und in diesem Regiment war ein junger Artillerist, Nikolaj Nikolajewitsch Basanow. Also ein Offizier aus Orenburg, es war ein Artillerieregiment. Aber er stammte von den Orenburger Kosaken. Und er war charmant, ein fabelhafter Tänzer, liebenswürdig, immer gut gelaunt, seine Soldaten liebten ihn, und alle Mütter mit heiratsfähigen Töchtern liebten ihn – alle liebten ihn.

Und er sah meine Großmutter – und hat wenige Tage darauf um ihre Hand angehalten. Da hat ganz Odessa «Ooooh!» gemacht. Und da gibt es noch eine hübsche kleine Geschichte. Die Hochzeit war schon festgelegt, die beiden galten also schon als verlobt, als meine Großmutter zufällig meinen Großvater, ihren künftigen Mann also, in der Stadt traf. Und er hat gesagt: «Linotschka, ich bin bei euch zum Essen eingeladen. Komm, wir gehen bei mir vorbei, ich zieh mich um, und dann gehen wir zusammen hin.» Er hatte Quartier in einem Haus von Bekannten, weil er einen hohen Rang innehatte. Und Linotschka unterhielt sich da mit der Dame des Hauses, während sie auf ihn wartete.

Kaum waren die beiden zu Hause, da fragte mein Urgroßvater: «Ihr kommt zusammen?!» Und da antwortete mein Großvater: «Ja, sicher, wir haben uns in der Stadt getroffen, und Linotschka hat mit Anna Stepanowna», oder wie die hieß, «gewartet, bis ich mich umgezogen habe.» Mein Urgroßvater holte aus, und meine Großmutter hatte – die war da schon eine alte Jungfer, sie war schon, ich weiß nicht, sechsundzwanzig oder so –, hatte also eine schallende Ohrfeige. Das waren die Sitten. Sie hätte nicht zu ihm in die Wohnung gehen dürfen. – Mein armer Großvater, wie's *dem* war! Er konnte ja nichts machen.

Na ja, dann heirateten sie und sind von Odessa weggezogen, nach Poltawa in der Ukraine, das muss vor 1905 gewesen sein. Und da gibt es auch eine wunderbare Legende: Eines Tages kam der Zar und hielt Manöver ab. Und es war alles sehr glatt gegangen, so dass der Zar gesagt hat: «Meine Herren, das war ein besonders gelungenes Manöver. Ich lade Sie morgen zum Frühstück ein.» Denn der Zar reiste mit einem Tross, mit einem großen Zelt, mit Küche, Geschirr und allem Drum und Dran. Nachdem man beim Frühstück gegessen und getrunken hatte, sagte der Zar: «Meine Herren, jeder kann sich hier von dem Tisch etwas als Andenken an dieses Manöver mitnehmen.» Darauf suchten sich alle etwas aus. Mein Großvater ist zum Zaren gegangen und sagte: «Majestät, meine Frau sammelt Porzellan. Darf ich die Tasse nehmen, aus der Majestät getrunken haben?» Er durfte das. Auch ich habe aus dieser Tasse getrunken. Und dann wurde sie uns gestohlen.

Das war mein Großvater. Ich habe noch ein Bildchen von ihm. Meine Mutter hatte *sehr* viel Ähnlichkeiten mit ihm; aber er war ein sanfter Mensch. Meine Mutter war nicht sanft.

Und dann – dann geschah etwas, wovon ich meinen Studenten manchmal erzähle, was sie aber nicht mehr verstehen: Bald darauf bekam mein Großvater ein Schreiben aus Petersburg. Er wurde in den nächsthöheren Rang befördert und nach Petersburg zur Garde versetzt. – Das ist etwa so, wie wenn ein Übersetzer den Nobelpreis kriegte. – Aber am selben Tag brach der Russisch-Japanische Krieg aus. Und mein Großvater hat auf seine Versetzung verzichtet. Er wollte sein Regiment nicht allein in den Krieg ziehen lassen. Er ist mit ihnen gegangen und sehr bald darauf gefallen. Man hat sein Regiment einfach vergessen; es war damals eine große Affäre. Das Regiment bekam keinen Rückzugsbefehl und hat gekämpft bis zur letzten Patrone.

Und das hatte natürlich für uns – also auch für mich in einer gewissen Weise – Konsequenzen gehabt. Weil er als Kriegsheld gefallen war, hatte der Staat die Erziehung seiner Kinder übernommen. Die beiden Söhne kamen in die privilegierte Kadettenanstalt, und meine Mutter kam in ein Internat, dem die Kaiserinmutter persönlich vorstand.

Das war in St. Petersburg?

Nein, das war in Poltawa, wo sie gewohnt haben.

Und dann hat meine Mutter – sie sah wohl sehr gut aus – mit sechzehn Jahren geheiratet. Sie ist 1895 geboren. Es war ein sehr reicher Mann, aber das hat ihr nicht behagt. Es hat ihr nicht gefallen. Dann vergingen zwei Monate, und sie erschien wieder bei ihrer Mutter und sagte: «Ich geh nicht mehr zurück.» Und das *damals!* Das war für meine Großmutter entsetzlich. Und dann fing der Erste Weltkrieg an, und meine Mutter ist als Schwester an die Front gegangen. Sie hatte gar keine medizinische Ausbildung. Es war eine wahnsinnig begabte Person. Sie war einfach eine höhere Tochter, und ich weiß nicht, ob die da alle irgendwie einen Schnellkurs absolvieren mussten. Aber bald stand sie einem ganzen Lazarettzug als Oberschwester vor. Und sie hat es heil überstanden. Heil überstanden und rauchen gelernt. Denn in einen Lazarettzug kamen die Verwundeten direkt von der Front. Und sie sagte, das war oft ein solcher Gestank, und so viele Maden, dass man ohne eine Zigarette nicht arbeiten konnte. Sie ist den ganzen Krieg in diesem Lazarettzug geblieben. Sie war noch sehr jung.

Nach dem Krieg kehrte sie zu ihrer Mutter zurück. Und da war schon die Revolution, und meine Mutter musste verdienen – denn natürlich kriegte meine Großmutter keine Pension mehr. Dann ist sie wohl irgendwie ins Landratsamt gegangen, etwas Entsprechendes wie das Landratsamt. Und mein Vater arbeitete in der zentralen Landwirtschaftsverwaltung oder hatte dort zu tun. Und eines Tages sind die sich da irgendwo in Poltawa begegnet, zufällig. Mein Vater war verheiratet und hatte zwei Kinder. Er war sehr viel älter als meine Mutter, vierzehn Jahre. Und meine Großmutter war entsetzt.

Und dann hat meine Mutter ihn eingeladen. Und er kam, setzte sich hin, schwieg still und trank schweigend sechs Gläser Tee, wahrscheinlich aus Verlegenheit. Aber damit hatte er die Prüfung bestanden. Na ja, und dann blieben sie zusammen, nach diesen sechs Gläsern Tee. Aber meine Großmutter war ganz entsetzt. Und dieses Entsetzen hat sich nie gelegt. Es waren einfach zwei Welten. Aber als ich geboren wurde, haben sie doch zusammen mit meiner Großmutter gelebt, sie und mein Vater in ganz großer Distanz, sie haben sich gesiezt. Und sind sich aus dem Weg gegangen.

Und dann haben sie also den Bürgerkrieg und alles andere zusammen überstanden. Und dann wurde ich geboren. Die Zeiten waren damals so, dass sie eigentlich gar nicht heiraten konnten. Sie blieben unverheiratet. Es gab kein Standesamt, es gab keine Kirche, aber mein Vater wäre auch nie in die Kirche gegangen, selbst wenn es eine gegeben hätte. Und in meiner Geburtsurkunde steht: Michail Fjodorowitsch Iwanow hat eine Tochter bekommen. Von meiner Mutter steht gar nichts.

Mann der scharfen Messer

Aber Ihr Vater war da schon getrennt von seiner ersten Frau?

Ja. Und meine Mutter hat darauf bestanden, dass sie seinen Sohn zu sich nehmen. Er hatte zwei Kinder aus erster Ehe, eine Tochter und einen jüngeren Sohn. Und er hat es getan, und dann wurde ich geboren. Im kalten April. Und wegen mir ist dann auch meine Großmutter zu uns gezogen, die Mutter meiner Mutter, und sie hat über mir gewacht. Sie war für mich ein sehr wichtiger Mensch. Und einmal wurde sie irgendwie unruhig, man saß und trank Tee, oder was weiß ich, aß zu Abend. Es war irgendwie zu still. Und sie rief: «Ljonja – Ljonja!» So hieß der Sohn meines Vaters. Ljonja antwortete nicht. Da ist sie ins Kinderzimmer gegangen: Mein Bettchen steht am Fenster, das Fenster ist offen, und ich bin aufgedeckt. – Das hatte der Junge getan. Er hat das Kinderbett ans Fenster geschoben, hat das Fenster aufgemacht. Er war natürlich eifersüchtig. Ist ja auch verständlich, er war vielleicht 12, höchstens 14 Jahre alt. Und am nächsten Morgen erfuhr mein Vater davon und wollte nicht, dass er weiterhin dableibt. Er hat den Jungen zu seiner Mutter zurückgeschickt. Ich habe diese Geschwister nie gesehen.

Und dann war das eigentlich eine sehr, sehr, sehr gute Ehe.

Und mein Vater – ich hab' ihn ja, ich war 15, in seinem letzten Lebensjahr – Mai, Juni, Juli, August, *Sentjabr*, *Oktjabr* – gepflegt.

Wir waren da hauptsächlich zu zweit. Ich habe ihn wirklich sehr gut gekannt. Er war ein Mann mit einem Willen, wie ich das später nie mehr erlebt habe. Er wurde bei den Verhören unheimlich gefoltert, aber er hat nichts unterschrieben. Nichts.

Ich habe durch ihn auch sehr vieles an Solshenizyn verstanden. Es gibt Leute, die kann man nicht totschlagen. Oder die kann man *nur* unter «besonders günstigen Umständen» totschlagen. Wenn man betrunken ist, oder wenn man sich auf der Flucht befindet, oder wenn irgendetwas ist, was einen dazu zwingt. Aber so, einfach zwanzig Leute erschießen und den einen unter den zwanzig – das bringt man nicht fertig. Und man hat meinen Vater nicht totgeschlagen und musste ihn einfach laufen lassen. – Auf *Millionen* Menschen passierte das einmal.

Ihr Vater ist nicht der Partei beigetreten?

Nein. Er war ein unpolitischer Mensch. Zutiefst unpolitisch. Er war mit seinem Beruf beschäftigt. Und ich weiß, dass er einmal gezwungenermaßen an einer institutsinternen Arbeit teilnehmen musste, DIAMAT, «Dialektischer Materialismus», und das hat er auch getan, aus Kollegialität. Aber es interessierte ihn einfach nicht. In der letzten Konsequenz kostete es ihn wahrscheinlich das Leben. Ich kann mich auch nicht erinnern, dass zum Beispiel irgendwelche politische Diskussionen bei uns stattfanden. Oder Witze erzählt wurden. Oder dass meine Eltern Freunde hatten, die politisch aktiv waren, Funktionäre oder dergleichen. Nie. Und zwar nicht, weil er ein Regimegegner war, sondern das hat es für ihn einfach nicht gegeben. Es hat ihn nicht interessiert.

Sehen Sie, Dostojewskij hat weit über 3000-mal das Wort «*mne kashetsja*», «es scheint» oder «mir scheint», gebraucht, vor allem im *Spieler,* aber auch in der Publizistik und in Briefen. Und ich glaube, dass das der sprachliche Schlüssel zu der Spielleidenschaft von Dostojewskij ist. Sein und Schein stehen ganz eng nebeneinander – der Schein stülpt sich irgendwie über das Sein. Was bedeutet das,

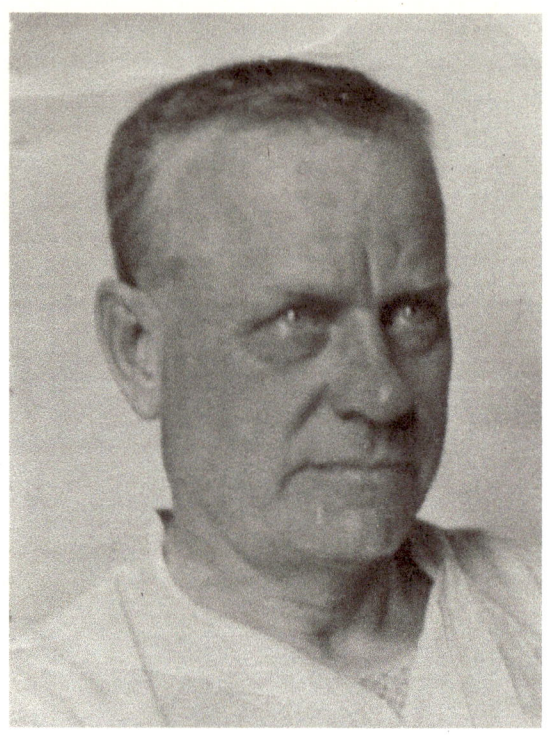

Der Vater, Michail Fjodorowitsch Iwanow, 1935.

wenn einem immerfort etwas scheint? Man sieht den Schein und nicht die Wirklichkeit. Alle Utopie verfällt schließlich dem Schein. Auch der Wissenschaftliche Sozialismus ist natürlich eine Utopie. Und das lag meinem Vater nicht.

Er putzte sich immer selbst die Stiefel, und er kremte auch die Stelle an der Sohle ein, zwischen Absatz und Sohle. Unter dem Bett meiner Eltern stand eine ganze Reihe von Behältnissen mit allen möglichen Werkzeugen. Es gab da auch einen Kasten mit Schusterwerkzeug. Im Nachbarhaus, im Haus Nummer 8, lebte ein Schuster, da hat sich mein Vater ein paarmal zu ihm gesetzt, hat sich dann alle Werkzeuge gekauft und meiner Mutter zum Geburtstag ein Paar rote Schuhe gemacht. Und dann nie wieder. Das Werkzeug wurde sorgfältig verwahrt. Aber das Beherrschen, das Herstellen der Dinge interessierte ihn. Er hatte einmal einen Ofensetzer kommen lassen und hat unsere Öfen abgerissen und mit dem Ofensetzer einen Ofen neu gesetzt, und anschließend alle Öfen selbst neu gesetzt. Einem solchen Menschen darf nichts *scheinen,* alles muss sitzen, und zwar dauerhaft. Mein Vater war jemand, dem nie etwas schien.

Er hielt übrigens auch nichts vom Reden! Nichts. Sein höchster Tadel war *sentimenty,* Sentiments, für ihn war das Gefühlsduselei. Für ihn galt die Tat. Deswegen sind meine Kenntnisse über seine Familie auch sehr gering. Ich bin nur wahnsinnig stolz, dass ich eine Großmutter hatte, die nicht lesen und nicht schreiben konnte. Die andere dafür umso besser. Aber die eine, die konnte weder lesen noch schreiben. Und sie hatte sechzehn Kinder geboren. Mein Vater war nicht nur der Älteste, er war auch der Studierte, er war was Besonderes und der Lieblingssohn. Und diese Großmutter hatte geraucht, was auf dem Land sehr selten war.

Mein Vater war ein Mann der ganz scharfen Messer. Da gab es auch gar keine Diskussion. Ich kann mich nicht dran erinnern, dass bei uns je diskutiert wurde. Es hat mich auch nie gestört, und ich hatte mit dem Vater ja sehr wenig zu tun, weil er sehr viel unterwegs war. Auch wenn er da war, war er meist im Institut. Er war unglaublich ordentlich, das kam auch durch seinen Beruf. Er hat die Arbeiter geduzt auf den Feldern, was meine Mutter immer in tödlichen Schrecken versetzte. In einer klassenlosen Gesellschaft waren das «Kollegen».

Und auch das habe ich einmal erlebt: Er kam von einer Dienstreise, und wir holten ihn ab an der Bahn. Meine Mutter hat gleich einen Gepäckträger mitgebracht, der war angetrunken. Aber als mein Vater ausstieg mit seinem Koffer, stand der Mann plötzlich stramm und sagte: «Zur Stelle, Euer Hochwohlgeboren!» Es war eine Reminiszenz. So wirkte er. Er war von einer absoluten Eindeutigkeit, und er hatte mich eigentlich lange Zeit, glaube ich, gar nicht wahrgenommen.

Wir sind sehr früh aneinandergeraten, so weit es mit diesem Mann überhaupt möglich war. Meine Eltern hatten einen sehr guten Freund, Nikola Kucharenko – ich habe ihn Klenja genannt –, der war unverheiratet. Ich glaube, meine Mutter war seine große Liebe und ich – als ganz kleines Mädchen. Er geriet 1934 in den ersten ukrainischen Nationalistenprozess und wurde zu acht Jahren Zwangsarbeit am Weißen Meer verurteilt – wir haben ihn nie wieder gesehen.

Wenn er nach Kiew kam, dann ging er mit mir in die Stadt. Das war natürlich wunderbar, überhaupt war es wunderbar, wenn er kam, es gab all das, was man sonst nicht hatte. Einmal sollten wir auch in die Stadt gehen. Ich war schon angezogen, da sagte meine Mutter: «Zieh dir Handschuhe an!», Fausthandschuhe. Das war lange noch vor der Schule, ich war vielleicht fünf, sechs. Und ich hab' gesagt: «Nein!» Ich wollte nicht. Ich fand, wenn ich mit Klenja in die Stadt gehe, dann ziehe ich keine Fausthandschuhe an wie ein kleines Mädchen – das war ganz unmöglich. Was sollte meine arme Mutter machen? Sie hat gesagt: «Ja, wenn du die Handschuhe nicht anziehst, dann kannst du nicht mitkommen!» Ich habe es nicht geglaubt. Plötzlich aber gingen die auf die Tür zu, und dann riss ich natürlich das Maul auf und stieß ein furchtbares Geschrei aus. Und meine Großmutter sagte: «Kind, komm, wir gehen, wir gehen.» Mein Vater saß in seinem Zimmer. Wir hatten drei Zimmer, mein Kinderzimmer, das große Esszimmer und das Zimmer meiner Eltern. Meine Mutter ging, mit diesem wahnsinnigen Geschrei in den Ohren, und Klenja auch – dabei wollten sie doch *meinetwegen* gehen –

Und dann kam mein Vater heraus. Er war sehr groß und trug immer hohe Stiefel, ich reichte im gerade so bis übers Knie. «Was geht hier vor?» Meine Großmutter erklärte, dass ich ohne Handschuhe hätte gehen wollen. Da befahl er: «Geh in dein Zimmer und zieh dich aus.» Und da sagte ich: «Nein!» Also wirklich, bis zu meinem

Vater hinauf sah ich eigentlich gar nicht: Ich sah Stiefel, Hose und sehr kleine Hände. Und ich seh' diese Hände, ich wusste damals nicht, dass es ganz viereckige Hände waren, die alles konnten. Die gingen an seine Gürtelschnalle. Ich hatte keine Ahnung, was man sonst noch mit einem Gürtel machen kann, aber ich fühlte mich bedroht und stürzte in mein Kinderzimmer. Ich hatte da einen kleinen Besen mit einem roten Stiel, aus weißem Rosshaar. – Ich holte diesen Besen! Kam zurück! Und warnte: «Keinen Schritt weiter, Mischka, sonst schlag' ich dich tot!»

Meine Großmutter war der Ohnmacht nah, und ich sah diese Stiefel eine Weile stehen, dann drehten sie sich um und verschwanden.

Woher kommt so was? Auch dass ich nicht «Vater» sagte, sondern «Mischka», das ist die pejorative Form von Michail. – Das führte also einstweilen nicht zu besonderen Annäherungen. Aber dann kam ich in die Schule, wurde älter, und *dann* meinte mein Vater, seine Tochter müsste als Erstes Mathematik studieren. Und er begann mit mir mathematisch zu arbeiten. Aber er war völlig außerstande, unserer Situation gerecht zu werden – ich war ja winzig klein, ich weiß nicht, höchstens acht oder neun. Aber es hat mir genützt. Er war sehr jähzornig und sehr ungeduldig, aber es lag ihm wirklich viel daran. Immerhin hat er so viel erreicht, dass ich ursprünglich zuerst Mathematik studieren wollte, einfach zum Vergnügen, und dann erst Sprachen. Aber davon konnte nach seinem Tode gar keine Rede sein, denn meine Mutter bekam keine Rente, nichts. Sein Arbeitsbuch wurde entwertet.

Gegen das Gitter

Eines Tages war mein Vater auf Dienstreise, und meine Mutter war im Institut, um seine Post zu holen. Und da erwartete ihn ein Telegramm: «Mutter krank. Schickt Geld.» Meine Mutter überwies umgehend das Geld an seine Mutter, und schon kam das nächste

Telegramm: «Mutter gestorben». Sie ging nach Hause, und zu ihrem Erstaunen war mein Vater zurück. Er hatte die Dienstreise unterbrochen. Meine Mutter fragte ihn nicht warum – er war nicht jemand, den man fragen konnte – und erzählte ihm auch nichts von dem Telegramm. Auf einmal sagte er, er sei unruhig, er müsse sofort ins Institut, es sei dringend, und fügte hinzu: «Weißt du, ich habe so unangenehm geträumt, die ganze Zeit von meiner Mutter. Sie hat mich gerufen und mich immer wieder gebeten: ‹Mischa, nun gib mir doch eine Zigarette.›» Da hat meine Mutter ihm das Telegramm gegeben.

Das habe ich nicht selbst erlebt. Damals war ich noch klein. Aber später habe ich immer wieder erlebt, dass mein Vater hellträumte. Das passt zu diesem Mann genauso, wie wenn ich mich im Boxen ausbilden wollte. Absurd. Aber er hatte prophetische Träume, die er uns merkwürdigerweise jedes Mal erzählte. Er selbst war darauf nie aufmerksam geworden, er hat es nicht *gewusst*. Ich erinnere mich, wie eines Nachts im Schlafzimmer meiner Eltern Licht brannte und Stimmen zu hören waren und ich hinüberging und sah: Meine Mutter sitzt im Bett und schüttelt meinen Vater. Und mein Vater schläft weiter und schluchzt. Das war ein sehr unheimlicher Anblick, er war ja sehr groß und stark, vierzehn Jahre älter als meine Mutter, für mich schon sozusagen jenseits des Methusalem. Und dann wird er wach, setzt sich auf und sagt: «Komisch, ich habe geträumt: Ich habe Grischa» – den ältesten, bereits gestorbenen Bruder – «und meine Mutter getroffen, die haben mich umarmt, und wir haben alle drei geweint.» Vierundzwanzig Stunden später wurde er vom NKWD geholt, verhaftet. Er war denunziert worden.

Als er aus dem Gefängnis zurückkam, hat er uns – was für mich, obwohl ich fünfzehn war, schon eine ganz besondere Bedeutung hatte – in der ersten Nacht erzählt, dass er einmal nach einem Verhör in die Zelle zurückgekehrt sei mit der Absicht, sich aufzuhängen. Es war eine Zelle für zwei Personen, die war mit *vierzig* Menschen belegt. Alle lagen auf dem Fußboden, einer allein konnte sich nicht umdrehen; wenn er sich umdrehte, mussten alle vierzig sich umdrehen. Aber an der Wand waren noch die zwei Betten. Und die Gefangenen haben es fertig gebracht, sich an diesen Betten aufzuhängen – im Sitzen, im Liegen, ich weiß es nicht. Ich weiß es nicht. Und ihre Nachbarn, die ja jedes Zucken, jedes Seufzen, jeden Schnaufer hörten, haben sie nie gehindert – vielleicht haben sie geholfen –, weil sie wussten, alles ist besser als diese Verhöre.

Mein Vater kam also in die Zelle zurück und war bereit, sich aufzuhängen. Und dann muss er ohnmächtig geworden sein, denn eingeschlafen war er wohl nicht; aber er hatte geträumt, und diesen Traum hat er uns in jener Nacht erzählt. Und ich habe ja schon gesagt, dass es für diesen Menschen vollkommen unvorstellbar war, zu träumen und den Traum auch noch zu erzählen. Allein schon das Faktum.

Er liegt im Traum auf dem Boden in einem langen schmalen Raum. Wie so ein Berliner Zimmer, ein langes Zimmer und ganz vorn ein offenes Fenster. Er hat gesagt, es sei wie das Schlafzimmer meiner Eltern gewesen. In der Mitte ist von oben bis unten ein Maschengitter gespannt. Und von dieser, seiner Seite fliegt immer wieder ein Vogel gegen das Gitter, zum offenen Fenster hin. Immer mit der Brust, mit dem Kopf, dem Schnabel gegen das Gitter. Schließlich ist der Vogel blutüberströmt. Und fällt hin und bleibt anscheinend tot liegen. Aber dann erhebt er sich noch einmal, fliegt noch mal gegen das Gitter – und fliegt hinaus. – Mein Vater hatte sich nicht aufgehängt.

Und noch so ein Helltraum, das war das letzte Mal, und ich habe das schon ganz bewusst miterlebt: Wir hatten einen quadratischen, sehr alten Esstisch, eigentlich eine Tafel; hier saß meine Mutter, hier saß die einzige Tochter, und hier saß mein Vater. Wir haben immer erst dann gegessen, wenn ich aus der Schule zurückkam; also zwischen sechs und sieben. Das war ein sehr alter Eichentisch mit dicken Beinen. Und oben hatten sie aus Holz ein Faltenröckchen an, es erinnerte an eine geschälte Apfelsine, die man in der Mitte durchschneidet. Ich kam aus der Schule, wir saßen da und aßen; plötzlich sagte mein Vater: «Ach, ich hab' heute Nacht geträumt.»

Ich weiß noch, wie meine Mutter und ich uns unter dem Tisch mit dem Knie anstießen, das Gefühl von dem Röckchen am Tischbein blieb für immer in meinem Knie. Und dann sagte mein Vater: «Ich sitze hier, und plötzlich bewegt sich etwas auf dem Kopf. Ich wische mit der Hand darüber, und da kamen lauter ...» – dann fiel ihm das russische Wort nicht ein und er sagte auf Ukrainisch: *hrobaki* – «... da kamen lauter Engerlinge herunter. Reich mir bitte das Salz.» – Meine Mutter und ich erstarrten vor Schreck. Wir wussten Bescheid. Mein Vater nicht. Noch in dieser Nacht brachen bei ihm solche Schmerzen aus, dass morgens um fünf der Krankenwagen kommen musste. Er wurde in die Klinik gefahren und kam nicht wieder. Er hatte selber nicht gewusst, was ihm geschah, hatte es aber uns erzählt. Ein Mensch, für den es eine bestimmte Dimension nicht gab. Ja, das war mein Vater.

Wann wurde er verhaftet?

Er wurde in der Nacht vom 1. auf den 2. Januar 1937 verhaftet. Er wusste nachher auch, wer ihn angezeigt hatte: ein Kollege, ein Mitarbeiter seines Instituts. Mein Vater entwickelte ja in diesem Institut neues Samengut, es wurden Experimente durchgeführt und neue Sorten gezüchtet usw. Und man hat ihm unterstellt, dass er irgendeine schädliche Arbeit in seinem Institut betreibe und dadurch dem Lande Schaden zufügen wollte. Das musste als Grund herhalten. Es gab ja damals den pejorativen Titel: «Schädling». Ich weiß nicht im Einzelnen, was man ihm vorwarf, es ist ja auch ganz egal gewesen. Nachher sprach man von konterrevolutionärer Tätigkeit oder von einer Waffensammlung – solche Fälle sind die Regel gewesen.

Und dann ist er in der Nacht vom 12. auf den 13. Mai 1938 entlassen worden, nach sechzehn, fast siebzehn Monaten. Natürlich hat er sein Gehalt für diese Zeit nicht bekommen, auch keine Pension. Meine Mutter musste weiter als Putzfrau arbeiten und Sachen verkaufen auf dem Flohmarkt. Aber die Entlassung ist ein so seltener

Fall gewesen, das war in keinem Gesetz und in keiner Ordnung vorgesehen, und nirgendwo hat es Präzedenzfälle gegeben.

Man hat das Gefängnis aufgemacht und gesagt: «Gehen Sie nach Hause!» Und er konnte gar nicht gehen. So blieb er einfach am Straßenrand sitzen. Glücklicherweise aber liegt in Kiew neben dem Gefängnis das Straßenbahndepot. Und da fuhr die letzte Straßenbahn ins Depot, und der Fahrer, an den ich oft denke und den ich jedes Mal segne, der hat meinen Vater da kauern gesehen und hat verstanden, woher er kommt. Er bremste und hat ihn gefragt, wo er wohne. Mein Vater hat ihm das gesagt, und dann hat der Straßenbahnfahrer gesagt: «Ich fahre Sie bis zu der Straße darunter» – also so weit die Schienen der Straßenbahn reichten –, «und dann müssen Sie den Berg rauf. Aber Sie müssen sich in der Straßenbahn auf den Fußboden legen, damit man Sie von außen nicht sieht.»

Mein Vater hat sich in die Straßenbahn gelegt, und er hat ihn gefahren, bis er aussteigen konnte. Darauf ist mein Vater mit unendlicher Mühe diesen kleinen Berg raufgeschwankt. Und dann hat er im Hof an das Fenster geklopft. – Das finde ich so interessant: Er hat nicht geschellt, weil er wusste, dass ein Schellen in der Nacht die Menschen gar nicht überleben. Er wollte uns nicht erschrecken. So hat er also an das Fenster geklopft. – Und dann hat meine Mutter ihm aufgemacht, von der Küche her, und dann sehe ich ihn im Bett meiner Mutter liegen, da war sein Nachthemdärmel runtergerutscht. Und ich habe gedacht, warum hat meine Mutter ihm die Unterwäsche nicht ausgezogen? Denn da kam so ein gelbgraues – na ja, wie ein zu großes Unterhemd hervor, unappetitliche Stofffetzen. Aber dann verstand ich, dass das gar kein Unterhemd ist, sondern seine Haut.

Und am nächsten Tag – meine Mutter musste ins Krankenhaus zur Arbeit – bin ich mit ihm zum Gefängnis gegangen. Wir haben dafür einen ganzen Tag gebraucht, für hin und zurück. Er musste persönlich seine Papiere und die Uhr abholen. Und da habe ich gesehen, welchen Fehler man gemacht hat, dass man ihn entließ, denn die Menschen sind wirklich straßenzugweise stehen geblieben und haben uns nachgeguckt. Für mich war das natürlich entsetzlich unangenehm und peinlich.

Und am Tag darauf ist er in die Klinik gekommen, er wurde untersucht. Die Diagnose lautete Avitaminose und völliger Erschöpfungszustand, totale Unterernährung, ein zerschlagenes Trommelfell und ein sogenanntes «Fenster» in der Magenwand – also eine tiefe Wunde. Und dann kam ein Samstag, und wir sind in unsere Datscha gefahren, nach Klawdijewo. Dort wurde am Wochenende darauf ein feierlicher Tisch gedeckt, und dann kam der Professor Bogatyrtschuk. Professor Bogatyrtschuk war ein weltbekannter Schachspieler und Röntgenologe – er ist später nach Amerika gegangen. Er war der Chef meiner Mutter im Krankenhaus, sie arbeitete bei ihm als Putzfrau. Und später stellte sich heraus, dass er ihr Putzfrauengehalt die ganze Zeit aus eigener Tasche aufgebessert hatte.

Na ja, da gab es also ein zweites Frühstück mit Samowar und frischem Brot und fünf Kalbsschnitzeln. Es waren drei Erwachsene und ein Kind – vier Personen. Das fünfte Schnitzel hatte man für die «Zeremonie», damit nicht alles ganz aufgegessen wird und der Schein einer Fülle bewahrt ist. Und da hat Professor Bogatyrtschuk gesagt, wie Vater ernährt werden müsse, und dass wir, wenn er zunehme, beruhigt sein könnten. Er hat aber nicht gesagt, was es bedeuten würde, wenn er nicht zunähme. Aus Mitleid mit meiner Mutter und mit meinem Vater. – Und mitten in der bedrückten Stimmung lachte der Professor plötzlich *Tränen*. Weil ich im Schutze des Samowars die Hand ausstreckte nach dem fünften Kalbsschnitzel. Ich war also keineswegs beeindruckt von dem, was sich da abspielte.

Das kam aber später, weil ich diejenige war, die die Pflege meines Vaters übernehmen musste. Meine Mutter fuhr um sechs Uhr weg zur Arbeit und kam um sechs Uhr abends zurück. Da bin ich ins Krankenhaus gegangen zu der Diätschwester, und die hat mir gesagt, was ich unter keinen Umständen machen darf mit meinem Vater. Aber das war wahnsinnig schwierig, es gab keinen Laden dort in Klawdijewo, es war nur zweimal die Woche Markt, und ich hatte nicht einmal einen Herd, sondern nur einen Petroleumkocher und draußen die Sommerküche, die man mit Holz einheizen musste. Mein Vater musste also dies und jenes alle zwei Stunden haben, und ich war – ja, was war ich? Fünfzehn.

Müde Sonne

Und wie lange haben Sie Ihren Vater so gepflegt?

Den ganzen Sommer bis zum 1. September.

Und da waren Sie allein mit ihm?

Da war ich mit ihm allein. Meine Mutter kam abends um sechs aus der Stadt von der Arbeit zurück. Aber tagsüber war ich mit ihm alleine. Und es gab natürlich auch Zwischenfälle: Er trug im Sommer Leinenschuhe mit Ledersohle, eine Art Halbschuhe, aber aus weißem Leinen. – Er hatte ja sonst meistens hohe Stiefel getragen. – Und Leinenhosen. Und er lag sehr gerne im Schatten unter einem Kirschbaum, auf einem Klappbett. Aber weil er keine Strümpfe anhatte, gab es da einen etwa drei Finger breiten Streifen zwischen Hosenbein und Leinenhalbschuh, der ungeschützt war. Und dann hatte er an den beiden Beinen die Haut verbrannt – es sah aus wie Ketten, wie ein Arm- oder eben Beinband. Obwohl er im Schatten lag. Allein von der Luft. Und es war wahnsinnig schwer, die Wunden zu heilen. Denn die Haut hatte gar keine Heilkraft. Da hat die Nachbarin mir etwas gegeben, und zwar waren das in reines Olivenöl eingelegte Blätter der Weißen Lilie. Es waren längliche Streifen, wie Pergamentpapier, triefend vor Öl. Die musste ich auf die Brandwunden auflegen, und dann heilten sie zu.

Am 1. September fing die Schule an, und inzwischen war das Zimmer in der Wohnung in Kiew, das versiegelt gewesen war, mit der Bibliothek und dem Klavier und Teppichen und –

Es war bei der Verhaftung versiegelt worden?

Bei der Verhaftung, ja. Und im Sommer desselben Jahres wurde das Siegel wieder entfernt, weil da eine Familie einquartiert werden sollte. Und meine Mutter hat nachts *alleine* das Bechstein-Klavier und einen riesigen barocken Spiegel und sogar das Linoleum vom Boden herausgeholt. Man hat dann eine jüdische Familie – Großmutter, Mutter und zwei Kinder, deren Vater auch im Gefängnis saß – in das Zimmer einquartiert, sie mussten immer durch unser Zimmer laufen. Doch wir hatten uns angefreundet, es war eine sehr nette Familie. Aber als mein Vater zurückkam, zogen sie aus. Es war ursprünglich das Schlafzimmer meiner Eltern, und ich sollte das nun bekommen als mein Zimmer. Und die Tapeten – die bewegten sich, die waren voller Wanzen. Das weiß ich noch, wir kamen nach Kiew zurück und rissen zuerst einmal diese Tapeten von den Wänden und verbrannten sie. Ich kauerte vor dem Ofen und schob sie rein, und danach waren meine Arme voller Wanzenstiche.

Das Zimmer wurde dann mehr schlecht als recht renoviert. Aber es ging nicht lange. Wir sind am 1. September von der Datscha nach Hause gekommen, und am 16. Oktober bekam mein Vater wahnsinnige Schmerzen. Da holten wir unsere Hausärztin, und die ließ den Krankenwagen kommen. Und dann ging er noch einmal aus dem Haus – und diesmal wussten wir, dass er ganz sicher nicht wiederkommt. Er lag dann noch bis Ende Dezember im Krankenhaus. Und meine Mutter wohnte bei ihm, und ich war in dieser Zeit bei Freunden untergebracht. Und als er gestorben war und wir ihn wuschen, sah ich, dass sein Steiß ganz schwarzbraun war, es waren die Spuren der Misshandlungen im Gefängnis. Und zwar von Misshandlungen über lange Zeit hinweg. Er wurde am 31. Dezember 1938 beerdigt.

Wie war das, als Sie mit ihm allein waren diesen Sommer? Hat er gesprochen über das, was er erlebt hat?

Als wir in der Datscha ankamen – es gab da keinen Strom, die Kerzen brannten, eine Petroleumlampe –, hat er gesagt: «Ich will euch erzählen, aber ihr dürft mich danach *nie mehr* fragen.»

Damit beginnt für mich eine ganz unheimliche Geschichte, weil ich eigentlich ein ganz gutes Gedächtnis habe. – Aber ich sehe – ich sehe das Zimmer, ich sehe meine Mutter auf seinem Bett sitzen, ich sehe dieses Licht, ich sehe meinen Vater, und ich weiß *nichts* von dem, was er erzählte. *Nichts!* Nicht das erste Wort, nicht das letzte Wort, nichts.

Jahrzehnte später sah ich eines Tages hier in Freiburg einen russischen Film, mit einem völlig falsch übersetzten Titel: *Die Sonne, die uns täuscht.* Der russische Originaltitel, *Utomljonnye solnzem* besteht in Wirklichkeit aus den ersten Worten eines südamerikanischen Schlagers, der damals, in den 30er Jahren, sehr berühmt war in Russland: «Die müde Sonne nahm zärtlichen Abschied vom Meere.» – Dieser Film erzählt sozusagen die Geschichte unserer Familie. Alles. Das Interieur und die Kommode mit den Tischdecken – es war alles wie bei uns. Und auch die Familie, die eigentlich nur dank der Revolution zustande kam, weil der Vater der Familie, im Film ein berühmter Militär, niemals diese Professorentochter geheiratet hätte, wenn nicht die Revolution gewesen wäre.

Sie befanden sich auf der Datscha. Und da wurde er mit großer Ranküne geholt und schon im Auto zusammengeschlagen, ohne Aufsehen zu erregen, und dabei wurde ihm das eine Auge ausgeschlagen.

Und dann war der Film zu Ende, die Leute standen auf, und das Licht ging an. – Ich hatte meine Enkelkinder mitgenommen, und die achten ja sehr darauf, dass ich mich anständig benehme und nicht auffalle. – Der Saal leerte sich also, aber meine Bluse war nass, und ich konnte nicht aufstehn. – Und die Kinder, die sonst so auf mich aufpassen, die saßen da wie tote Mäuse und wussten nicht, was geschah. Da standen auch die Platzanweiserinnen, der Saal war leer, aber sie ließen uns in Ruhe, weil sie verstanden, da geht irgendwas vor – *Ich konnte nicht aufstehn!* Ich wusste – also, es war kein Wissen, es war irgendwas –, dass wenn ich aufstehe, dass ich – dass alles dann da ist, was ich in mir habe und was sich dem Zugriff entzieht. Und ich habe gar nicht *gemerkt,* dass ich weinte.

Schließlich stand ich auf und ging hinaus, und es passierte nichts. Und am nächsten Tag bin ich wieder hingegangen. Weil ich das nicht aufheben will in mir, bis ich sterbe. Ich möchte nicht *das* vor dem Sterben sehen. Ich würde das gerne jetzt abwickeln. – Und ich saß da, und es passierte nichts. Nichts. Und ich bin hinterher hinausgegangen wie aus jedem Film.

Ich verstehe natürlich auch: Das Kind wollte *leben.* Und damit kann man nicht leben. Man kann nicht in die Schule gehen und sein Abitur machen. Und dann – der starke Wille hatte es weggetan.

Aber von da –, also etwa um diese Zeit war mir klar – Ich frage mich die ganze Zeit, wie ist es gekommen, dass ich hierher nach Freiburg kam und mit dieser Übersetzerei anfing – an die ich *nie* gedacht habe – Ich wusste, ich will studieren. Ich wollte, ich *wollte* an die deutsche Universität. Merkwürdig. – Und ich weiß auch, dass ich in dieser Zeit angefangen habe, deutsch zu träumen. Denn Frl. Freimann, meine Deutschlehrerin, wurde für ein paar Wochen nach Klawdijewo eingeladen, und sie brachte einen Koffer Bücher mit, und das war Nataly von Eschstruth und Courths-Mahler und solche Mädchenliteratur. Und ich las das von morgens bis abends, und da weiß ich, ich träumte von einem wunderschönen deutschen Kaiser, und zwar auf *Deutsch.*

Sie hat nie geruht

Und Ihre Mutter hat die ganze Zeit gearbeitet?

Sie hat, als sie jung war, nur gearbeitet, solange sie für ihre Mutter einstehen musste. Sie konnte Französisch, sie hat im Büro gearbeitet, was weiß ich, was sie da gemacht hat. Ich finde, das ist die allerunglücklichste Generation gewesen, die Generation meiner Mut-

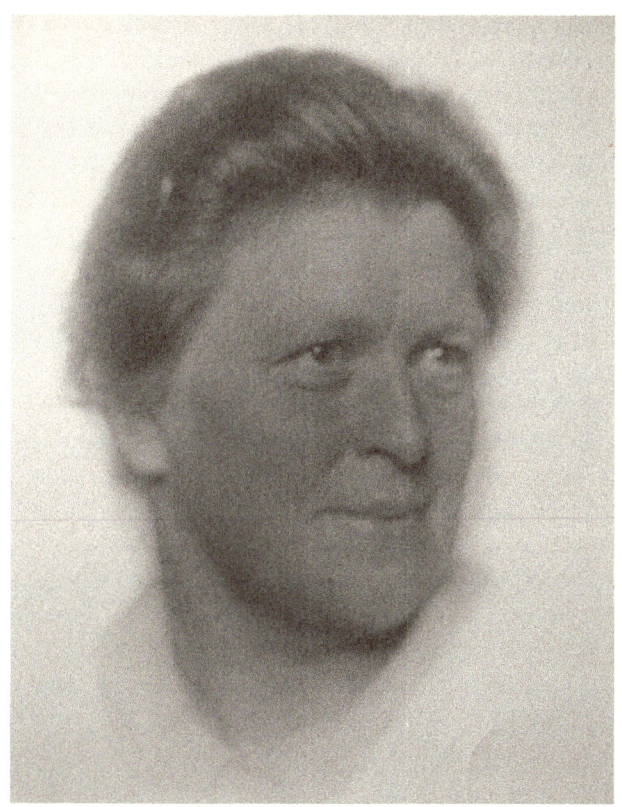

Die Mutter, Sofija Nikolajewna Basanowa, 1935.

ter. Frauen, die Ende des 19. Jahrhunderts geboren wurden. Meine Mutter war ein *unglaublich* begabter Mensch. Wahnsinnig begabt. Und sie hat nie geruht. Es gab da beispielsweise eine Kunstgewerbeschule, und die hat sie – daran erinnere ich mich schon sehr gut – besucht.

Und als mein Vater im Gefängnis war, hat sie uns anderthalb Jahre ernährt mit dem, was sie da gelernt hat. Wir hatten einen gestickten Teppich, den hat sie aufgelöst, einen Jugendstilteppich mit

Mohnblumen. Und dann hat sie daraus Mützen gehäkelt und ist am Sonntag auf den Flohmarkt gegangen, hat diese Mützen verkauft und hat für uns eingekauft. Davon haben wir wieder eine Woche gelebt, dann ging sie wieder auf den Markt. Es war ein Mensch mit einem *unglaublich* starken Lebenstrieb.

Als mein Vater ins Gefängnis kam, musste sie arbeiten, sonst hätten wir nicht in Kiew bleiben können. Da ist sie eben als Putzfrau in eine Klinik gegangen. Und das war hinterher sehr gut, weil sie in einem Röntgeninstitut putzte. Und die Leute haben natürlich sofort gesehen und verstanden, was das für eine Putzfrau ist. Sie hat das Herz ihres Chefs gewonnen, und mein Vater lag später dann in demselben Gebäude – es war eine internistische Abteilung –, in dem das Röntgeninstitut war. Er wurde am 16. Oktober eingeliefert und ist am 28. Dezember gestorben. Fast drei Monate hat sie in der Klinik gewohnt, sie konnte dort auf einem Sofa schlafen. Und das war natürlich sehr viel wert.

Aber die schönste Zeit ihres Lebens war eigentlich in Deutschland, hier in Freiburg. Hier hatte sie den Garten, sie hatte den Wald, sie hatte zum ersten Mal in ihrem Leben ein eigenes Zimmer. Bald hatte sie Enkel, für die sie der wichtigste Mensch war, und sehr bald verlor sie die Angst – sie hatte immer Angst gehabt, es gebe Krieg, und dann müsste sie zurück. Sie wusste, dass sie für mich unentbehrlich ist. Sie hat sehr viel Verehrung erfahren, sehr viel Bewunderung – sehr viel. Und sie hat lange Zeit verdient, indem sie Russisch unterrichtet hat an der Volkshochschule, sie hatte auch ein paar Privatschüler, und von deren Gnaden lebe ich heute noch. Zum Beispiel der jetzige Bibliotheksdirektor, der ist Jahrzehnte jeden Dienstag zu ihr gekommen, mit zwei oder vier Brötchen, dann haben sie zusammen gefrühstückt, und sie hat sich um sein Russisch gekümmert.

Eine ganz große Freude waren die Kinder. Sie hat kein gutes Verhältnis zu meinem Mann gehabt, aber es lag nicht nur an ihm, meine Mutter war ein unübersehbarer Mensch, unübersehbar. Sie hatte auch etwas Majestätisches gehabt. Sie brauchte gar nichts zu sagen, man wusste sofort, was dran ist. Und wenn die sich in die Haare kriegten bei Tisch, dann sagte meine Mutter: «Ich sag ja kein Wort –» Aber man konnte ihr gegenüber nicht sitzen bleiben. Und ich habe dabei etwas ganz Wichtiges gelernt, und das bring ich meinen Mädchen bei: Wenn einer kommt und sagt: «Entweder ich oder die!» – *Sofort Schluss machen!* Die haben sich wirklich meinetwegen nicht vertragen. Meine Mutter sagte: «Du bist meine Tochter, und du bist schuld, dass er mich nicht akzeptiert.» Und er hat gesagt: «Du bist meine Frau, und du bist schuld, dass sie mich nicht anerkennt.»

Und das war nicht gut. Obwohl meine Mutter sich sehr korrekt benahm, aber verstehen Sie, wenn sie in der Küche gewesen wäre, und sie wäre mit Ihnen unzufrieden gewesen, das hätte man hier drinnen gespürt! – Aber sie hat hier ein sehr schönes Leben gehabt. Und ganz schön wurde es, als mein Mann ausgezogen ist. Das war dann wunderbar für sie. Da habe ich verdient, und ich habe gut verdient. Dann war sie in Paris, und dann war sie dreimal in England, dann war sie in Florenz, dann war sie in Siena – da war sie sehr glücklich. Und ich bin Deutschland unheimlich dankbar dafür. Und sie ist 97 geworden, sie arrangierte sich mit ihrem Alter, sie hatte einen Herzschrittmacher, und sie war zweimal in der Augenklinik. Wenn der Professor, der ihr den Herzschrittmacher eingesetzt hatte, zu ihr kam, dann hat er gesagt: «Unsere Königin!» Sie hat das genossen.

Sie hat schlecht gesehen zum Schluss, sie ging jeden Tag zweimal spazieren bei uns oben am Zaun. Und einmal – ich war nicht da –, als mein Zulieferer kam, stand sie an der Tür und hat gesagt: «Das war mein letzter Spaziergang.» Und nachmittags ging's ihr nicht gut, und dann habe ich unseren Freund geholt, den Direktor der Klinik, und habe gefragt: «Wolf, willst du sie nicht zu dir nehmen?» Und er hat sie abgehört und hat nein gesagt. Es war im November 1991, in den ersten Tagen des Novembers. Wir haben sie gepflegt, meine englische Pflegetochter kam, meine Schwiegertochter wohnte bei uns, es war eine ganz wunderbare Stimmung.

Wenn die Kinder aus der Schule kamen, haben sie ihre Schulmappen in die Ecke geknallt, sich die Hände gewaschen und sind zu Soja gegangen – so haben wir sie genannt – und haben ihr die Decke geglättet und bei ihr gesessen, ihr was gebracht oder gesungen. Und die Große, Klärchen, hat sich jeden Abend geduscht und hat ein frisches Nachthemd angezogen und hat sich zu meiner Mutter ins Bett gelegt, weil sie nachts unruhig war. Jeden Abend. Sie glaubte, sie könne ihr auf diese Weise helfen. Aber die Unruhe kam dann immer nachts.

Nur die Jüngste, die ihr charakterlich am ähnlichsten ist, also auch so ein Kosak, die hat sie immer «er» genannt: «Schläft er schon?» Die waren sich zu ähnlich.

Und sie hat den Kindern, meinen Enkeln und ihren Urenkeln, ein ganz großes Geschenk gemacht: Denn sie ist wirklich, wirklich königlich diesen letzten Weg gegangen. Und sie hat nicht gelitten. Sie war nicht krank. Sie wollte sterben. Sie lag im Drachenzimmer, in einem Krankenhausbett. Und es stand da ein Sofa, und ich habe da geschlafen. Und jede Nacht haben irgendwelche Enkelkinder gewacht. Und dann ist sie am 28. Januar 1992 in den Armen ihres Lieblings-Urenkels gestorben, vollkommen bewusst, aufrecht stehend sozusagen. Es war also schon ein wunderbares, gnadenvolles Ende für sie.

Eine ungeheure Faszination

Was sind Ihre frühesten Erinnerungen?

Ich habe eigentlich gar keine Zeit, daran zu denken.

Ein besonderes Erlebnis, ein besonderes Bild, dessen Sie sich aus der frühesten Kindheit erinnern?

[Langes Schweigen] – Ich weiß es nicht. – Eigentlich, wenn ich so zurückdenke, sehe ich Natur. Und wenn – auch in der Schule schon –, wenn irgendwie eine brisante Situation entstand und man musste etwas leisten – da gab es eine bestimmte Stelle auf unserem Grundstück: das war der Rain, also die Grenze zwischen dem Nachbargrundstück und unserem, und da wuchs Gras, und da standen ein paar Birken. Eigentlich eine ganz unauffällige Stelle. Dann habe ich immer an diese Stelle gedacht. Überhaupt, der Wald ist für mich ungeheuer wichtig gewesen und ist auch heute für mich wichtig. Ich komme ja gar nicht mehr dazu. Das sind große Defizite für mich: keine Himbeere gepflückt, keinen Pilz gefunden – Aber so verschiedene Situationen. Oder der Kirschbaum in unserem Garten, unter dem ich den Sommer verbrachte, lesend. Dieser Kirschbaum also –

Das war aber nicht in Kiew?

Das war auf der Datscha. Mein Vater hatte von der Regierung ein Auto bekommen und hat sich das Geld auszahlen lassen und ein kleines Häuschen gekauft. Und das ist sehr wichtig für mich gewesen.

Dann – ich konnte schon schreiben – gab es einen Punkt, an dem ich ... Ich wollte in mir – das weiß ich genau – eine Situation herstellen, in der man nicht denkt. Und dann habe ich geglaubt – ich war noch ganz klein –, das geht am besten beim Schreiben. Ich habe mir ein Heftchen gemacht – dieses Heftchen ist noch da –, und dann hab' ich versucht, mich aus mir selbst herauszudenken. Ich habe eigentlich nie mit jemand darüber gesprochen. Ich war vielleicht zehn. Also ganz kindlich. Aber ich weiß noch genau, wie sich das angefühlt hatte. Das war, glaube ich, sehr wichtig.

Sie haben früh viel gelesen?

Über uns wohnte eine ganze Mathematiker-Dynastie. Und Professor Bukrejew, der Älteste, hatte in Leipzig studiert. Er besaß in seinem Zimmer eine komplette Bibliothek dessen, was man in Deutschland

Ende des 19. Jahrhunderts gelesen hat, auf Deutsch. Beispielsweise Friedrich Spielhagen. Ich bin wahrscheinlich die einzige Lebende noch, die weiß, was der geschrieben hat. – Und Jekaterina Wassiljewna, Bukrejews Frau, eine wunderbare alte Dame, die kannte die Familie Bugajew, die Eltern von Andrej Belyj. Die Tochter Bukrejews war Direktorin der Universitätsbibliothek und besaß unerhörterweise eine Sammlung russischer Literatur der zwanziger Jahre und auch eine ganze Serie maschinengeschriebener Bücher in dem bekannten Großformat, die Schrift in etwas verblasstem Violett.

Zyklen von Rudolf Steiners Vorträgen?

Ja, aber das ging mir erst sehr viel später auf. Und diese Dinger holte sich manchmal auch meine Großmutter. Auch ich habe mal zwei solche Hefte mitgenommen, aber ich wusste überhaupt nicht, was das soll.

Und so wie ich also bei unseren Bücherregalen links oben angefangen und rechts unten aufgehört habe, so bin ich auch in Bukrejews Zimmer verfahren. Ich habe einfach irgendwo angefangen und mich dann wie ein Bücherwurm durch die Bücher durchgelesen, und zum Schluss habe ich ja sogar das Wohlwollen von Boris Nikolajewitsch erworben. Ich durfte auf ein Treppchen steigen, denn seine deutschen Bücher waren ganz hoch oben, weil die nie gelesen wurden. Er hat nicht gelesen, und kein Mensch hat sich für diese Bücher interessiert. Aber das führte dazu, dass ich eigentlich kaum Lücken hatte, als ich anfing, Germanistik zu studieren. Und immerhin habe ich die Jubiläumsausgabe von Puschkin, 1937, und zwei Jahrgänge der Zeitschrift *Solotoe Runo, Das Goldene Vlies*, besessen. Also muss da schon irgendwie ein spezifisches Interesse vorhanden gewesen sein. Aber ich habe nie daran gedacht, Übersetzerin zu werden.

Meine Eltern hatten Freunde, Ljatoschinskijs. Wir haben sie kennengelernt, bevor wir unsere Datscha gekauft hatten. Meine Mutter wollte mit mir in der Nähe von Kiew bleiben und mietete

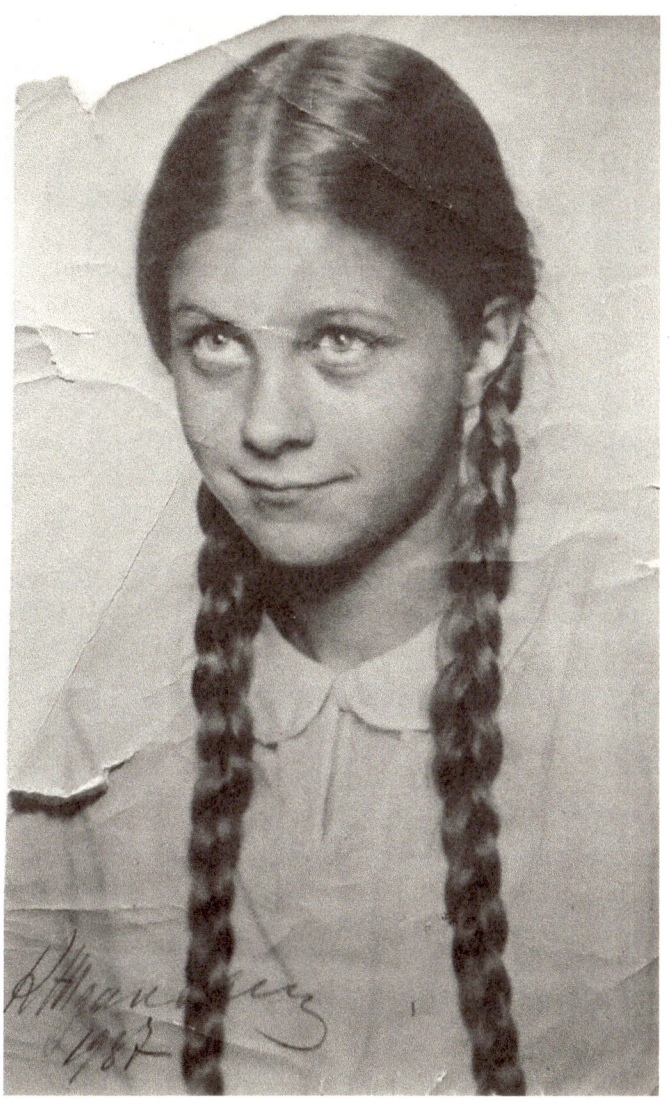

1937.

eine Ferienwohnung in Worsel, bei Ljatoschinskijs. Wir haben den ganzen Sommer dort verbracht und uns mit den Vermietern angefreundet. Er war Komponist, sie war Sängerin. Ihre Eltern waren sehr alt, die Mutter führte einen fürchterlich genialischen Haushalt. Ljatoschinskij hatte eine Professur am Konservatorium und mehrere Kompositionsschüler. Sein Lehrer war der damals führende russische Komponist Reinhold Glièr, von dem ich ein ganz zauberhaftes expressionistisches Ballett kenne, *Krassnyj mak, Roter Mohn*. Und ich vermute, Glièr muss Anthroposoph gewesen sein. Einmal beteiligten sich alle russischen Komponisten an einem Ausschreiben für eine Oper, nach einem vorgegebenen Thema. Boris Nikolajewitsch Ljatoschinskij hatte dieses Ausschreiben gewonnen. Zu den Proben und der Aufführung kam auch Glièr aus Moskau angereist – er wohnte in Moskau. Da musste dann von der Datscha täglich eine Thermosflasche voll Wasser in die Proben mitgebracht werden – in Worsel gab es einen wunderbaren Brunnen. Glièr trank nun dieses Brunnenwasser. Das fiel allgemein auf, ebenso seine Neigung zum Osten. Das war mir später verdächtig.

Und unter den Schülern von Ljatoschinskij – es waren, glaub ich, fünf – gab es einen, der alle anderen in den Schatten stellte. Er wohnte in einem leeren Zimmer, in dem es nur Bücher gab, sechs riesige Bibliotheksschränke voller Bücher. Man erzählte sich die Fama, er wäre sechsmal verheiratet gewesen. Er war auch unglaublich witzig und belesen. Eine brillante Erscheinung, Igor Pawlowitsch Belsa, Komponist und Musikwissenschaftler. Seine Mutter hieß Djatschenko, im Ukrainischen ein ganz banaler Name. Er aber war Igor Belsa. Und dieser Mann hat mir gewissermaßen die Bildungsmaßstäbe gesetzt.

Ich war noch klein, vielleicht zwölf oder dreizehn, und ich war *wahnsinnig* dünn; alle haben mich geneckt, ich sehe aus wie Gandhi nach der längsten Fastenperiode. Also ich glaube, man hat bei mir von vorne das Rückgrat gesehen, durch den Bauch hindurch, ich war einfach dürr. Wenn bei Ljatoschinskijs Tee getrunken wurde, dann waren meine Mutter und ich immer dabei, ich saß sozusagen im Schatten meiner Mutter und ließ mir nichts entgehen, machte mich aber eigentlich unsichtbar. Denn ich hatte Angst, ich würde sonst in den Sandkasten zum Spielen geschickt.

Und einmal passierte etwas ganz Schreckliches. Alle tranken Tee, ich trank natürlich Kakao, und Igor Pawlowitsch machte einen Witz. Ich weiß nicht mehr was für einen, aber es war mir völlig klar, man hat mich übersehen, er war nicht für mich bestimmt. Ich trinke meinen Kakao, während alle lachen, und plötzlich, in der Stille, die entsteht, wenn Menschen lachen und plötzlich Luft holen, hörte man zwei kleine Kakaobächlein aus meiner Nase in die Tasse rieseln. Ich hatte gerade den Kakao im Mund, lachte und durfte nicht lachen, und dann rann der Kakao mit einem ohrenbetäubenden Plätschern in die Tasse. Das war eine Dostojewskij-Situation – grauenhaft! Natürlich hat niemand etwas gehört, niemandem war etwas aufgefallen; aber mir kam es vor wie der Niagara. Das war zum Beispiel ein unvergessliches Erlebnis.

Als mein Vater später in die Klinik kam und meine Mutter bei ihm wohnte, musste ich ja irgendwo hin. Ljatoschinskijs hatten keine Kinder, und sie waren bereit, mich bei sich aufzunehmen. Denn ich konnte nicht allein in der kalten Wohnung, ohne Essen, hausen, und da habe ich bei Ljatoschinskijs gewohnt, vom 16. Oktober an drei Monate. Und Belsa war sehr oft da. Wenn ich morgens früh «in die Schule ging», ich war inzwischen 15, bin ich nur bis zu unserer Wohnung gegangen, die war zu, völlig dunkel, kein Ofen an. Dort habe ich mich in einen Sessel gesetzt – in diesem Sessel lag ein kleiner Teppich, den es immer noch gibt – und habe gelesen. Ich habe gelesen – sechs Stunden täglich. Und dann bin ich aus der «Schule» zu Ljatoschinskijs gegangen. – Ich erschien nur dann in der Schule, wenn irgendwelche Arbeiten geschrieben wurden.

Und ich habe immer ganz gezielt gelesen. Zum Beispiel: Belsa kam, man unterhielt sich über Shakespeare, über *Richard III*. Dann habe ich am nächsten Morgen sechs Stunden lang über Shakespeare verbracht, *Richard III*. Und dann fiel mir auf, sagen wir, dass man im 3. Akt, in der 2. Szene nicht auf dem Stuhl sitzt, sondern auf dem Bett liegt oder irgend so was. Und am nächsten Tag, wenn Belsa kam, habe ich mit scheinheiliger Miene gesagt: «Igor Pawlowitsch, aber in *Richard III.*, im 3. Akt, 2. Szene ist die Regieanweisung etwas anders, als Sie es gestern gesagt haben, vielleicht sogar ganz anders!» Das waren die Höhepunkte meines Lebens. Es war natürlich eine fabelhafte Schule für mich. Als ich anfing, Germanistik zu studieren, gab es kaum etwas, was ich nicht kannte. Ein Vierteljahr sechs Stunden Lektüre täglich in ungeheizter Wohnung, das macht sich schon bezahlt.

Und ich glaube, es war schon ganz gut, dass mein Vater starb, und ich wieder mit meiner Mutter in unserer Wohnung leben konnte. Weil die Faszination von diesem Mann ungeheuer war. Und er ist für mich ein Maßstab – gewesen und geblieben.

Ich habe übrigens kürzlich einen Antiquariatskatalog bekommen. Und da ist ein Buch von einem Autor *Belsa, Igor*, aufgeführt: *Sowetskaja musyka, Die sowjetische Musik*, 1947 erschienen. Das ist eben dieser Belsa, der wirklich eine ganz große Rolle in meinem Leben spielte – eigentlich die glänzendste Erscheinung in meinem Leben. Er stammte aus bescheidenen Verhältnissen, und sein Name war, wie gesagt, Djatschenko. Und dann hieß er Belsa. Warum Belsa?

Bedeutet das irgendetwas?

Nein, aber der Name klingt gut. Ich habe nie darüber nachgedacht. Ich habe diesem Mann unheimlich viel zu verdanken. Er übte auf mich eine unglaubliche Wirkung aus.

Es vergingen Jahre. Der Krieg war vorbei. Ich war Lektorin für Russisch an der Universität Freiburg und spielte mit meinen Studenten sehr viel Theater. Russisches Theater. Und es gab in Freiburg eine Aufsehen erregende Aufführung, aber damals hatten wir kein russisches Publikum. Jetzt gibt es ja jede Menge Russen in Freiburg. Also musste ich ein russisches Publikum suchen. Und durch Zufall habe ich erfahren, dass in Dorndorf bei Ulm auf einem früheren Flughafengelände von der evangelischen Kirche eine Sammelstelle

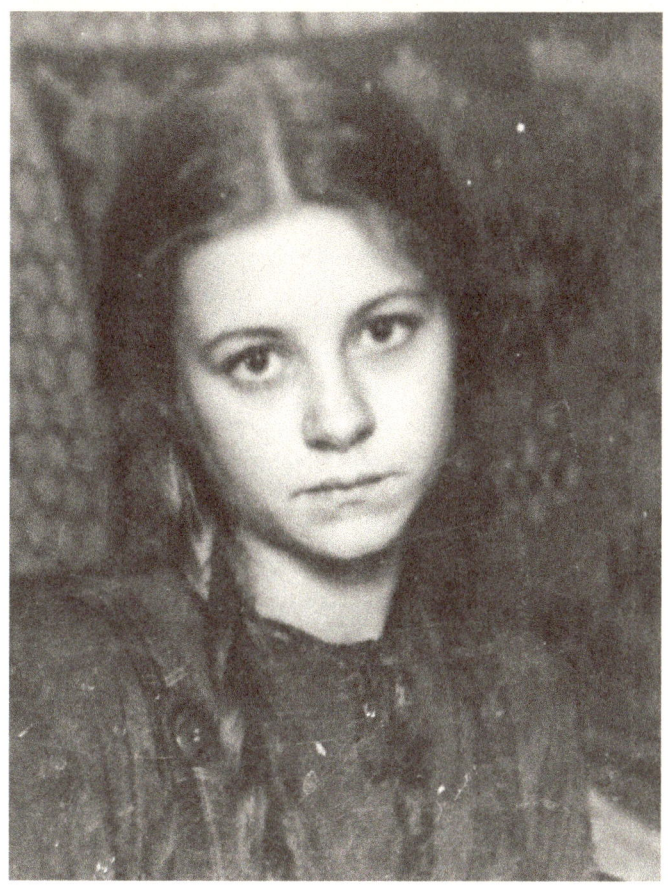

Kiew, ca. 1941/42.

für die russischen Emigranten eingerichtet worden ist, die Emigranten der ersten, zweiten und dritten Welle. Und ich habe einen Zuschuss bekommen für den Transport meiner ganzen Truppe samt Kulissen und ein warmes Essen dort. Und dann sind wir hingefahren und haben Tschechow gespielt – «nach der Milch», Milch gab es um drei Uhr –, und dann konnten wir um sieben zurückfahren.

Der Flur mit den Täfelchen an den Türen – das war wie ein Blättern in einem alten russischen Geschichtsbuch! Solche Namen, darunter auch ein Fürst Obolenskij. Diese Leute waren also zum Teil sehr alt, die waren natürlich entzückt und begeistert von diesen deutschen Studenten und dem Stück. Und Fürst Obolenskij erzählte mir, er sei zu der Zeit, als ich schon zur Schule ging, in Kiew gewesen. Und was er da gemacht hätte? Er habe Kompositionsstunden genommen. «Bei wem?» «Bei Ljatoschinskij.» «Ach», sagte ich, «dann kennen Sie auch Igor Belsa?» Da fuhr er förmlich zurück von mir: «Sie dürfen nie diesen Namen vor mir nennen, er war ein geheimer Agent des NKWD. Und er hat mich angezeigt. Ich bin wie durch ein Wunder freigekommen im Krieg, als die russischen Gefängnisse von den Deutschen aufgelöst wurden.»

Also – ich kam nach Hause, ich stürzte zu meiner Mutter, ich *weckte* sie. Sie setzte sich auf. Und ich sagte: «Mama, *Belsa byl seksot!*», also ein *sekretnyj sotrudnik*, ein geheimer Mitarbeiter des NKWD. Sie sah mich an und sagte: «*Otschen' moshet byt'*, das kann sehr gut sein.» – Das war furchtbar. Und dann fing ich an zu kombinieren, und da fiel mir etwas ein: Eines Tages nämlich war zu uns Frau Ljatoschinskaja gekommen und hat gesagt, der Bruder von Belsa – Djatschenko – sitze in einer Zelle mit meinem Vater. Er hätte irgendwie ein unbedeutendes Zivilverfahren, etwas, was jedem geschehen kann. Und er hatte einen Anwalt, und dieser Anwalt sei bereit, für meinen Vater ein Päckchen mitzunehmen.

Wir wussten schon, dass mein Vater krank ist. Meine Mutter geriet außer sich: Was schickt man? Wir hatten gar nichts im Haus, was man ihm schicken konnte. Was verkaufe ich, um etwas zu kaufen, was man ihm schicken könnte? – Und schon stand unsere alte Milchfrau in der Tür, sie hatte geschlachtet, und wir konnten ein Stück Speck und eine Wurst und noch etwas einpacken. Mein Vater konnte das alles gegen Weißbrot tauschen, es war wunderbar. –

Dieses Päckchen wurde bei uns abgeholt. Und wir haben nicht weiter daran gedacht. Aber *jetzt*, nachdem ich wusste, dass Belsa ein Informant war – da wurde mir alles klar. *Welcher Anwalt hätte damals meinem Vater zuliebe riskiert, ein Päckchen ...!!* Er wäre nicht nur vom Erdboden verschwunden, sondern ...! Keiner! Nicht der liebe Gott selbst! – Das war's.

Es ist durchaus möglich, dass Belsa – er hatte selbst keine Kinder, war aber mehrmals verheiratet – dass er an diesem kleinen Mädchen Gefallen bekommen hatte, einfach an seinem *Richard III.* oder *Hamlet IV.* usw., das sich als Wunsch äußerte, meinen Vater am Leben zu erhalten. So etwas soll es geben.

Sie sagen, Sie hätten Belsa sehr viel zu verdanken.

Natürlich wäre mein Vater nicht lebend rausgekommen. Er wäre bestimmt im Gefängnis gestorben. Denn dieses Weißbrot, das er sich eintauschte, hat ihn auf ganz kleiner Sparflamme am Leben erhalten. – Aber so krank und zersetzt waren die Beziehungen zwischen den Menschen. Und jetzt sitze ich in meiner Küche und lese den Namen Belsa in dem Antiquariatskatalog.

Nase hoch beim Übersetzen

Wie kam es, dass Sie Deutsch lernten?

Das verdanke ich meiner Mutter. Mein Vater kümmerte sich nicht, er hat mich eigentlich erst so mit 13 Jahren entdeckt, und dann hat er, wie gesagt, angefangen, mir Mathematik beizubringen – das war *grauenhaft!* Ich liebte Mathematik, doch er tat alles, um mir diese Liebe auszutreiben. Aber ich hatte mit fünf angefangen, Deutsch zu lernen, bei einer Walja Jakowlewna, denn das war etwas, was meine Mutter, die alles für mich tun wollte, mir ermöglichen konnte: Sprachunterricht schon als kleines Mädchen. Das war sozusagen meine Aussteuer. Aber dann ging es ihr wohl nicht zügig genug, und ich bekam Frl. Freimann.

Ich hatte auch eine Klavierlehrerin, wie es sich für eine höhere Tochter gehörte. Aber mit Klavierspielen konnte ich mich nicht anfreunden. Ich habe zwar wahnsinnig schnell auswendig gelernt, ich habe mir die Stücke nach dem Titel ausgesucht. Auch die Finger bewegten sich ganz schnell. Ich hatte ein wunderbares Bechstein-Klavier ... Aber ich wusste nicht, was ich tat.

Und dann vergingen viele Jahre, ich war in Freiburg und kaufte mir ein Buch, *Die Kunst des Klavierspielens* von Heinrich Neuhaus, russisch. Es war die zweite Auflage, und schon in der ersten Auflage hat er sich entschuldigen müssen, warum er nicht über das Klavierspiel schreibt, sondern über einen Schüler, Swjatoslaw Richter, «aber Swjatoslaw Richter war das zentrale Erlebnis meiner künstlerischen und pädagogischen Tätigkeit». Und ich habe plötzlich gedacht, ich möchte dieses Buch übersetzen. Ich hatte da schon übersetzt. Und dann war ich alleine in Florenz. Und auf dem Bahnhof habe ich sofort das Plakat gesehen: Swjatoslaw Richter spielte am nächsten Tag in Florenz. Er durfte damals nicht in Deutschland spielen.

Ich wohnte da privat bei einer alten Florentinerin mit großer Konnexion, Signora Biancini, und sie besorgte mir eine Pressekarte. Ich war den Tag über unterwegs, kam rechtzeitig nach Hause, wusch mich und zog mich um, stieg ins Taxi und fuhr ins Konzert. Ich saß da, das Licht ging aus, ein kräftiger, massiver Mann betrat das Podium so schnell, dass ich mich erschrak, ging auf den Flügel zu, sehr rasch, und begann zu spielen. – Und plötzlich dachte ich: was für eine merkwürdige Akustik! Nein, es konnte nicht an der Akustik liegen, das war ja ein Presseplatz, das muss an etwas anderem liegen, ich habe mich zu flüchtig gewaschen, habe Wasser in den Ohren –

Ich hatte das Klavier nicht erkannt ... Ich habe Musik gehört und nicht Klavierspielen. Das tat mir am ganzen Körper weh. Erst in der Pause bin ich zu mir gekommen – es war Bach, Präludium und Fugen – und habe gedacht, also ich muss, ich will gehen. Er sollte noch eine Schubert-Sonate spielen, ich wollte keinen Schubert. Nach diesem Bach kann der keinen Schubert geben, das ist unmöglich.

Natürlich bin ich sitzen geblieben – und seit der Zeit höre ich Musik. Es war unglaublich. Später wurde Richter erlaubt, auch in Deutschland zu spielen, und er ist häufig in Freiburg gewesen. Und ich weiß, als er das erste Mal in Freiburg war, hatte ich schon große Enkelkinder. Ich habe gesagt: Ihr könnt in Jeans, ihr könnt barfuß, ihr könnt mit nacktem Oberkörper, ihr könnt kommen, wie ihr wollt; aber in dieses Konzert müsst ihr gehen. So sind wir alle, die ganze Familie, ins Konzert gegangen. Plötzlich fürchtete ich mich, was ist, wenn sie in der Pause kommen und sagen, Baba, Küsschen, vielen Dank, war toll, aber also ich muss nach Hause, wir schreiben morgen eine Arbeit, oder ich habe mich verabredet oder irgendwas. Aber kein Enkelkind wollte gehen. Sie haben alle bis zum Schluss gelauscht, haben es verstanden.

Warum erhielten Sie gerade Deutschunterricht?

Weil ... eigentlich – ja, ich weiß es nicht. Weil ich denke, wenn nicht der Weltkrieg gewesen wäre, dann wäre vielleicht das ganze Leben anders gelaufen. Denn der russische Symbolismus und die Entwicklung der russischen Kunst im Allgemeinen und auch der Philosophie – die standen im Zeichen der Blauen Blume. – Doch dann kam die Revolution und dann ...

So wie es im 18. Jahrhundert Französisch war, so war die Sprache, die man nun lernte, Deutsch. Wir hatten sogar eine deutsche Schule in Kiew, aber das wollten meine Eltern nicht – vielleicht hat das auch nur mein Vater nicht gewollt. Aber die Söhne eines Kollegen meines Vaters gingen zum Beispiel in die deutsche Schule.

Frl. Freimann kam also zweimal die Woche. Sie stammte aus Ostpreußen, sprach ein ostpreußisches Deutsch. Und als die Deutschen in Kiew waren, war das eine Quelle des Vergnügens:

lich sproch so wie man's spriicht. Und die Deutschen haben sich natürlich totgelacht. Frl. Freimann war auch nicht besonders gebildet. Aber sie hatte Methode. Und die Stunde bei ihr zerfiel in feste Einheiten. Man las, Klassik – also zwei Auftritte aus *Wilhelm Tell* oder aus *Faust I* oder Ähnliches. Meistens Dramen. Dann gab es ein Diktat. Abwechselnd mit einer Übersetzung. Und dann gab es Grammatik. – Ich bin manchmal in einem Hörsaal die Einzige, die die Regeln kennt, wie das deutsche Adjektiv dekliniert wird. Das ist Frl. Freimann! Sie hatte vom Übersetzen und von Sprache gar keine Ahnung, aber sie wusste, man darf nicht so übersetzen, dass man am Satz klebt. Man muss so übersetzen, dass man den Blick frei hat. Ich bekam immer zu hören: «Nase hoch beim Übersetzen!» Das heißt, wenn ich übersetzte, durfte ich mich nicht von links nach rechts wie eine Raupe durch die Zeile durchfressen, sondern eben: «Nase hoch beim Übersetzen!» Ich musste so übersetzen, dass ich den Satz zuerst innerlich vor mir hatte und ihn dann übersetzte, ohne auf das Blatt zu schauen – das, was ich heute mache.

Als das *Börsenblatt* das erste Mal zu mir kam, vor 50 Jahren, habe ich davon erzählt und fand das unglaublich wichtig. Ich wusste damals noch nicht in vollem Umfang, wie gut das ist. Und dann trug der Artikel die Überschrift: «Nase hoch beim Übersetzen». Mancher Leser hat dies in direktem Sinne, als Hochnäsigkeit, aufgefasst …

Und Französisch?

Es gab in Kiew einen berühmten Kinderarzt, Borowskij, der hatte eine Tochter, Jekaterina Wassiljewna. Sie war für mich schon eine uralte Dame, sie war vielleicht fünfzig, Kunsthistorikerin, sie hatte einst in Paris gelebt und gab Privatstunden. Bei ihr hatte ich Französisch. Aber sie war nicht so eisern preußisch wie meine Klawdija Georgjewna Freimann. Ich habe sehr viele Gedichte gelernt und mit ihr *Salammbô* gelesen, das ist eigentlich schon sehr hoch; aber es war zum Teil ein Blindverfahren.

Der Fremdsprachenunterricht war also privat?

Ja. Ich weiß gar nicht mehr, was ich für Fremdsprachen in der Schule hatte; irgendwas hatte ich, aber ich weiß nicht – Französisch, glaube ich. Aber das war nichts. Null.

Aber die deutsche Sprache liebten Sie von Anfang an?

Es war stets ein Kompromiss: Deutsch – ja, Frl. Freimann – in Maßen. Französisch – in Maßen, Jekaterina Wassiljewna – ja.

Können Sie sich noch an die erste Begegnung erinnern?

Wahrscheinlich das erste Mal, dass es mir aufgefallen ist, war jener Traum. Da war ich noch ein kleines Mädchen, und ich träumte deutsch. Und ich *wusste,* dass ich deutsch träume. Das ist ungeheuer. Ein metamorphosierter Verdauungsprozess. Plötzlich ernährt man sich durchs Ohr und nicht durch den Magen. Ich weiß, dass das für mich aufregend war. Und ich habe es nicht vergessen. Dieses Erstaunen. – Jetzt weiß ich nicht mehr, in welcher Sprache ich träume.

Und nach Frl. Freimann?

Dann war Ende. Denn dann konnte meine Mutter keine Stunden mehr bezahlen. Klawdija Georgjewna ist zwar noch ein paarmal gekommen, einfach so. Aber regelrechter Unterricht war das nicht mehr. Und dann kam der Krieg.

Und ich hatte eine durchgehende Eins im Zeugnis, und wenn man damals eine durchgehende Eins hatte, konnte man studieren, was man wollte und ohne Aufnahmeprüfung. Man nannte so etwas ein «Goldenes Zeugnis». Und da bin ich natürlich am ersten Tag, an dem ich meine Papiere hatte – ich hab' sie jetzt noch –, an die Uni gelaufen und habe mich einschreiben lassen in die Fakultät für Westeuropäische Sprachen und Literaturen.

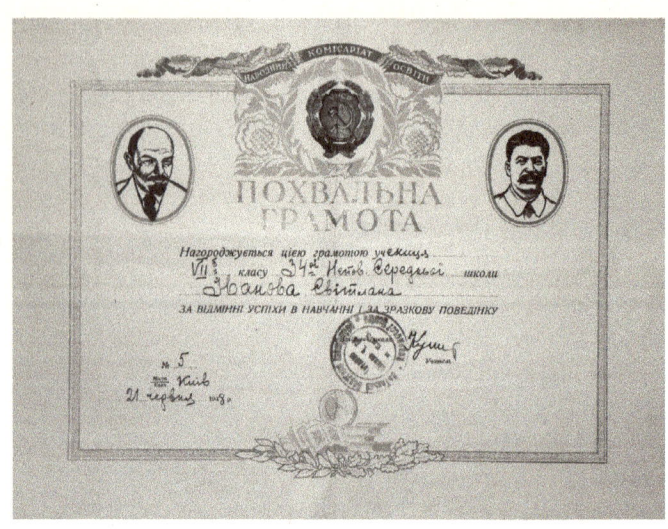

«Goldenes Zeugnis», Versetzungszeugnis von 1938.

Mazedonisches Streichholz

Haben Sie wegen der Verhaftung Ihres Vaters keine Repressalien erfahren, als Sie an die Uni wollten?

Wenn es Repressalien gegeben hätte, dann hätte man die schon früher ergriffen. Ich hatte eigentlich auch damit gerechnet, dass ich meinen Schulabschluss gar nicht mehr machen kann. Aber dann wurde ich zu unserem Direktor bestellt, aus dem Unterricht heraus. Er war ein Este oder ein Finne, Jan Petrowitsch Rjapo. Ein alter Bolschewik, ein Freund von der Krupskaja und Lenin. Nach der Revolution – er war General der Reserve – hatte er im Bildungsministerium gearbeitet. Und als 1937 die großen Säuberungen anfingen, wurde er nach Rybinsk versetzt. In den Norden. Damals war Krupskaja zu Stalin gegangen – am Anfang war so etwas noch möglich – und hat gesagt, das ist unser bester Freund, er muss zurück, was macht er in Rybinsk? Darauf wurde er tatsächlich aus Rybinsk zurückgeholt und zum Direktor der schlechtesten Schule in Kiew ernannt. Der Schule Nr. 95. Meine Schule von der ersten Klasse an, zehn Jahre. Meine Eltern haben mich dahin getan, weil sie sagten, ich wachse in vollkommen irrealen Bedingungen auf; ich müsse kennenlernen, was Leben ist.

Inwiefern irreal?

Mein Vater hatte einen großen Einfluss, es ging uns gut, wir hatten eine Dreizimmerwohnung. Kein Kind in der Klasse hatte eine Dreizimmerwohnung. Ich hatte zwei Hauslehrer. Ich hörte nur ein hervorragendes Russisch, was es heute gar nicht mehr gibt.

Als ich zu Hause klagte, meine Mitschüler hätten mir dies oder das kaputtgemacht oder mich an den Zöpfen gezogen, da hat mein Vater gesagt: «Wehr dich!» Und ich habe mich tatsächlich gewehrt. Ich hatte einen Federkasten, und den habe ich an den Köpfen unserer Jungens zersplittert.

Und in diese Schule kam also Jan Petrowitsch. Und konnte sieben Sprachen. Es war für ihn natürlich genauso schlimm wie in Rybinsk, vielleicht noch schlimmer. Er übersetzte die *Kalewala* ins Russische. Ich wurde – na, sagen wir dreimal im Monat – aus dem Unterricht geholt und musste mich in seinem Zimmer auf einen Stuhl hinsetzen. Und dann las er mir seine Übersetzung vor. Ich saß da, zwei Zöpfe, sonst war nichts an mir – ich wurde als kleines Mädchen in der Unterstufe «Alexander von Mazedonien» genannt oder «mazedonisches Streichholz», weil ich so wahnsinnig dünn war –, und ich hörte mir das an.

Als mein Vater verhaftet worden war, musste ich das melden, und daraufhin hat mich Rjapo wieder in sein Zimmer bestellt. Und mit einem Blick zum Fenster hinaus sagte er: «Reichen Sie einen Antrag auf Aufnahme in den Kommunistischen Jugendbund ein. Eilig.» Da habe ich gesagt: «Aber Jan Petrowitsch, das ist vollkom-

Ca. 1941/42.

men sinnlos, mein Vater sitzt seit vierzehn Tagen. Ich brauche zwei Bürgen, die für mich sprechen. Wer wird für mich sprechen? Kein Mensch wird für mich sprechen, und ohne Empfehlungen werde ich nicht aufgenommen.» Er sagte: «Reichen Sie ein!»

Ich reichte ein. Bis dahin war ich nicht im Kommunistischen Jugendbund. Sehr bald darauf wurde eine Versammlung einberufen, und die beiden, die mich empfahlen, waren er und der Sekretär des Kommunistischen Jugendbundes der Schule. Das war der Geschichtslehrer. – Also, es ist mir nichts passiert. Und solche Dinge ereigneten sich mehrfach in meinem Leben.

Natürlich gab es welche, die sich an mir gerächt haben, die also unbedingt haben wollten, dass ich zugebe, dass mein Vater Volksfeind sei. Aber – ich hatte ja nichts zu verlieren – ich gab das nicht zu. Ich bin durchgekommen, das heißt, sie haben mich aufgenommen. Außerdem dämmerte mir inzwischen: Ich *muss* aufgenommen werden – die werden dafür sorgen, dass ich durchkomme. In meiner Unschuld habe ich gedacht – ich war eine Vorzeigeschülerin, mit Sprachen und Zöpfen und Manieren, wenn ausländische Delegationen kamen, wurde ich immer geholt, auch auf höchster Ebene, und dann: *Wsegda gotov!* «Immer bereit!» – Das habe ich gedacht. Aber es war der Wille von Jan Petrowitsch Rjapo. Ja – und auf diese Weise habe ich die Schule abgeschlossen und erhielt das «Goldene Zeugnis». Ich habe noch ein «Liebesbriefchen» von Jan Petrowitsch. Er war bei uns als Beisitzer bei der mündlichen Prüfung in Russisch. Und er ist mitten in der Prüfung aufgestanden und hat mir ein schmales Papierstreifchen aus Rechenpapier gegeben – ich habe es noch –, und darauf steht: «Für Iwanowa: Eine raffinierte Darstellung auf ernsthaft literarischer Höhe.»

Es ist schon erstaunlich, wie die Lebensthemen durchgehen –

Unglaublich, unglaublich – Und bei der Universität gab es dann gar keine Fragen. Es war ganz klar. Ich habe mich einschreiben lassen mit dem Hauptfach Deutsch und dem zweiten Fach Französisch. Ich bin schon vor dem Abitur manchmal heimlich hingegangen, um mich sozusagen für mein späteres Studium einzufühlen. Doch dann begann der Krieg, und Kiew wurde eingenommen. Und – das ist interessant – ich bin am nächsten Tag sofort in die Uni gerannt und habe das Kostbarste, was es in Kiew gab, wieder geholt: mein Zeugnis, mein «Goldenes Zeugnis». Es hat einen dicken goldenen Rand. Denn ich wollte *studieren*. Aber in Kiew konnte ich nicht mehr studieren, nun war der Krieg dazwischengekommen. Und vor der Universität stand ein deutscher Posten und lag ein toter Russe. Es war der erste Deutsche, den ich sah. – Und wenn wir später nicht mit den Deutschen nach Deutschland gegangen wären, hätte ich niemals studieren können. Denn dann wäre ich eine Kollaborateurin gewesen.

Eine Marienbader Elegie

Dass der Krieg kommen würde, haben Sie das gewusst?

Nein, ich war mit dem Abitur beschäftigt. Im Gegenteil, da war ja der polnische Krieg vorher, und man hat geglaubt, da ist eine Pufferzone.

Am Samstag hatten wir unsere Schulabschlussfeier, und am Sonntag bin ich mit der Mathematiklehrerin auf unsere Datscha gefahren. Auch meine Mutter sollte dazukommen. Ich kam vom Sonntagsmarkt, stelle die Körbe auf der Veranda ab und höre, dass auf dem Bahnhof offenbar ein Zug entladen wird. Es klang, wie wenn man Altglas auslud. Es gab da eine Flaschenfabrik, und ich wunderte mich, dass an einem Sonntag gearbeitet wird. Und meine Mutter kommt nicht und kommt nicht und kommt nicht und kommt nicht. Und dann plötzlich ist sie mittags doch da und sagt, die Züge fahren unregelmäßig, wir müssen sofort in die Stadt zurück, es ist Krieg. Und was ich gehört hatte, das war das erste Bombardement. Da wurde ein Vorort bombardiert, ein Eisenbahnknotenpunkt vor Kiew. Na ja, und drei Monate später kamen die Deutschen.

Und wie ist das vor sich gegangen? Wie wurde die Stadt erobert?

Kiew wurde eingekesselt. Und dann haben die Russen Kiew evakuiert und sich kampflos zurückgezogen. So lange die Umzingelung der Stadt nicht komplett war, konnte man über den Dnjepr übersetzen, und wer wollte, ließ sich evakuieren und ist mit den russischen Truppen nach Osten gegangen. Meine Mutter aber hat gesagt – das war das erste und einzige Mal: «Du bist jung, das Leben steht noch vor dir, du musst selbst für dich entscheiden. *Ich gehe nicht* mit den Mördern deines Vaters. Ich verstehe, wenn du dich evakuieren lässt.» – Es war für mich natürlich keine Frage. Ich bin geblieben. Dann wurden alle Brücken gesprengt. Der Ring war geschlossen, man konnte nicht mehr raus. In der nächsten Nacht wurde das

Arsenal in die Luft gejagt, das war grauenhaft. Es gab kein Licht, kein Wasser, keine Kanalisation mehr, die Russen haben alles zerstört. Und dann war Stille – und dann kamen die Deutschen. Sie wurden mit Blumen, Brot und Salz empfangen.

Wir wohnten parterre, in einer ganz ruhigen, schmalen Straße, in der Nikol'sko-Botanitscheskaja uliza Nummer 10, die parallel zu der Straße verlief, wo die Straßenbahn fuhr, mit der mein Vater aus dem Gefängnis kam. In der Nähe der Universität und des Botanischen Gartens. Das Haus hatte drei Stockwerke. Über uns wohnte die Mathematikerfamilie Bukrejew: Großvater, Sohn und Enkel, alle Mathematiker, nur die Tochter war Direktorin der Universitätsbibliothek. Sie wohnte im zweiten Stock. Und im dritten Stock wohnten ein Physiker, Spezialist für den Widerstand der Stoffe, und ein Psychiater. Ich war das einzige Kind im Haus. – Was ich sagen will: Wie sehr sich ein Mensch auch in Kiew verlief und verfuhr – er kam nicht so leicht in unsere Straße.

Sehr bald, nachdem die Deutschen Kiew eingenommen hatten, am 28. September 1941, hingen die berüchtigten Anschläge an allen Mauern, dass die jüdische Bevölkerung sich am nächsten Tag, einem Montag, um 8 Uhr mit Papieren, Winterkleidern, Geld, Ausweisen und Wertsachen an der Ecke Melnik- und Dokteriwskij-Straße hinter dem russischen Friedhof einzufinden habe.

Ich hatte eine jüdische Freundin, Neta Tkatsch – Tkatsch heißt auf deutsch Weber –, mit der ich neun Jahre die Schulbank teilte. Sie wohnte gleich um die Ecke. Unglaublich begabt, genauso wie ihre jüngere Schwester. Der Vater war ein kleiner Buchhalter. Als man vor dem Einmarsch der Deutschen Kiew noch verlassen konnte und die jüdische Bevölkerung evakuiert wurde, hat Mutter Tkatsch gesagt: «Wir sind arme Juden, wir haben keinem Menschen was getan. Wir können für Hitler gar nicht von Interesse sein. Ich habe mir mein Leben lang eine Chiffonniere gewünscht. Und jetzt habe ich eine Chiffonniere, und ich lass sie nicht einfach stehen. Ich geh nicht weg von meiner Chiffonniere.» – Ja. Und dann sind die geblieben.

Und an jenem Tag, dem 28. September, kam meine Freundin. Sie ärgerte sich furchtbar über ihre Mutter: «Die ist übergeschnappt.» Und wir ärgerten uns zusammen über unsere Mütter, die Schwarzseher waren und alles übertrieben – und überhaupt gab es immer irgendwas, worüber man sich bei den Müttern ärgerte. Wir ärgerten uns zusammen, und am nächsten Tag also mussten sie am russischen Friedhof vorbei, wo mein Vater liegt, zu einer Schlucht gehen, und auf der anderen Seite dieser Schlucht war der Güterbahnhof. Und wir haben uns überlegt, warum auf diese Seite der Schlucht? Es wäre doch viel besser auf der anderen Seite der Schlucht, weil der Bahnhof dort ist. Sie müssen ja sonst runter und wieder rauf. Und dann haben wir uns abgesprochen, wie wir auf alle Fälle uns nicht aus den Augen verlieren würden, wohin wir schreiben können ...

Und dann wollte sie gehen, und ich brachte sie vors Haus. Es war etwa fünf Uhr, es fing an zu blauen, es war also noch nicht dunkel, aber blau. Und es war kühl. Vor unserem Haus war ein großer Vorgarten, vielleicht vierzig Schritt bis zum Trottoir. Ich brachte sie runter bis an die Straße.

Da fuhr gerade ein großes deutsches Auto langsam, ganz langsam unsere Straße entlang. Und es war, wie gesagt, eine vollkommen abgelegene Straße, die nirgendwohin führte, und kein Mensch fuhr die. Es war klar, die Deutschen haben sich verfahren. Später wusste ich, das war ein Chevrolet, grau-grün gespritzt, ein amerikanischer Wagen. Er fuhr ganz langsam.

Meine Freundin Neta ging, und auch ich ging ins Haus. Am nächsten Vormittag – Strom gab es nicht mehr – klopfte jemand bei uns ans Fenster. Ich war gerade in diesem Zimmer. Es war ein deutscher Offizier. Er grüßte und fragte auf Deutsch, ob nicht jemand hier wohne, der Deutsch spricht. Ich antwortete: «Nein, hier wohnt niemand, der Deutsch spricht», ebenfalls auf Deutsch. Der Offizier lachte, und ich lachte natürlich auch. Darauf er: «Wollen Sie, bitte, die Freundlichkeit haben, hinüberzugehen zu dem leeren Haus auf der anderen Straßenseite, der Kommandeur des Rüstungskommandos Süd, Graf Korff Schmising-Kerssenbrock, würde gerne dieses Haus für sich in Anspruch nehmen und braucht jemand, der dolmetscht.»

Und ich bin hinübergegangen, dort waren mehrere Deutsche, mit vollendeten Manieren und russischen Architekturbüchern in der Hand. Sie fanden auch einen Talmud und haben sich sehr dafür interessiert. Es war das Haus einer jüdischen Familie gewesen.

Und dann hat mich einer gefragt, ob ich nicht mit meinem Deutsch hier gerne aushelfen würde. Ich würde dann vom Rüstungskommando angestellt und bezahlt werden. Denn es war ganz klar, in Kiew musste man mit einer Hungersnot rechnen. Aber ich lehnte das Angebot ab: «Nein, auf keinen Fall, ich will studieren.» – Ja, wenn ich studieren wollte, ob ich vielleicht sonst jemanden empfehlen könne? Ich habe gesagt: «Fragen Sie meine Mutter.» Und ich ging weg, und dann wurde meine Mutter geholt, und sie kam zurück und war hingerissen: «Also dieser Graf! Nein, so etwas! So viel Charme und so gebildet und so umgänglich. Und wie ich mir das denn überhaupt vorstelle, wovon wir morgen ein Stück Brot haben sollen?» Es gab nichts, nichts; gar nichts.

Ja, und dann habe ich für Kerssenbrock gedolmetscht. Aber ich fand den nun also einen Opa. Er hatte da seinen 54. Geburtstag. Allmählich merkte ich jedoch, dass es nicht ganz – Also, es war ein sehr junger Opa. – Ja. – Das war eine Marienbader Elegie.

Eine Liebesbeziehung?

Es war – ich meine, der wurde gerade vierundfünfzig und ich war achtzehn ... Er war der 32. Enkel der heiligen Elisabeth von Thüringen. Und er war verheiratet mit einer Prinzessin Radziwill, sie wohnten in Potsdam. Frau Kerssenbrock habe ich später kennengelernt, sie war neun Jahre älter als er, was für mich damals uralt war.

Und was haben Sie für ihn empfunden?

Na, hören Sie, ein echter lebendiger Graf! ... Kerssenbrock ist ein unglaublicher Mann gewesen. Ein ganz ungewöhnlicher Mensch. Einmal habe ich gesagt: «Ich hab' noch nie einen deutschen Film gesehen. Ich möchte so gerne ins Kino.» Da hat er gesagt: «Na, dann gehen wir ins Kino.» Es gab ein Landserkino in Kiew. Und am nächsten Abend sind wir dahin gegangen, und das Kino war schon besetzt, und dann kam er rein, er war ja ein ganz hohes Tier, und *ich neben ihm*, und dann – frrrrr – stand das ganze Kino auf. – Hat mich nicht beeindruckt, aber was der Mann *riskierte!* Was der Mann *riskierte!* Es war ein ganz toller Mensch. Dass *ich* mir nichts daraus machte, das konnte man auf meine Jugend schieben – *Grüner Junge* –, aber *dass dieser Mann das tat* – der 32. Enkel der Elisabeth von Thüringen. Er war verheiratet. Das kümmerte mich natürlich alles gar nicht, ich wollte studieren. Aber nun war er da, und es war auch gut. *Musik, Musik, Musik* hieß der Film, mit Marika Rökk. – Ja. – *Ja* ... Aber es hat natürlich einer so kleinen dummen Gans ungeheuer geschmeichelt.

Und es hat mir imponiert, wie er ohne Aufhebens zu machen auch sehr riskante Sachen tat und sehr hilfreich war. Und im Grunde genommen hatte er das auch mit mir völlig richtig angelegt. Denn er hat Professor Leo von Zur Mühlen nach Kiew kommen lassen, der war wissenschaftlicher Berater beim Oberkommando des Heeres und der damalige Rektor der Technischen Universität Berlin und federführender wissenschaftlicher Rat im Ministerium für die besetzten Ostgebiete. Und die haben mein Fräulein Freimann kennengelernt und sie eingeladen. Und dann hat Professor von Zur Mühlen gesagt, er würde dafür sorgen, dass ich ein Stipendium bekomme und in Deutschland studieren könne, wenn ich ein Jahr lang für die Deutschen arbeite. Und da er selbst Mineraloge war, wollte er gerne, dass ich im Geologischen Institut der Akademie der Wissenschaften übersetze. Und da habe ich da als Übersetzerin begonnen. Ich habe die vorhandenen Kenntnisse über Glim-

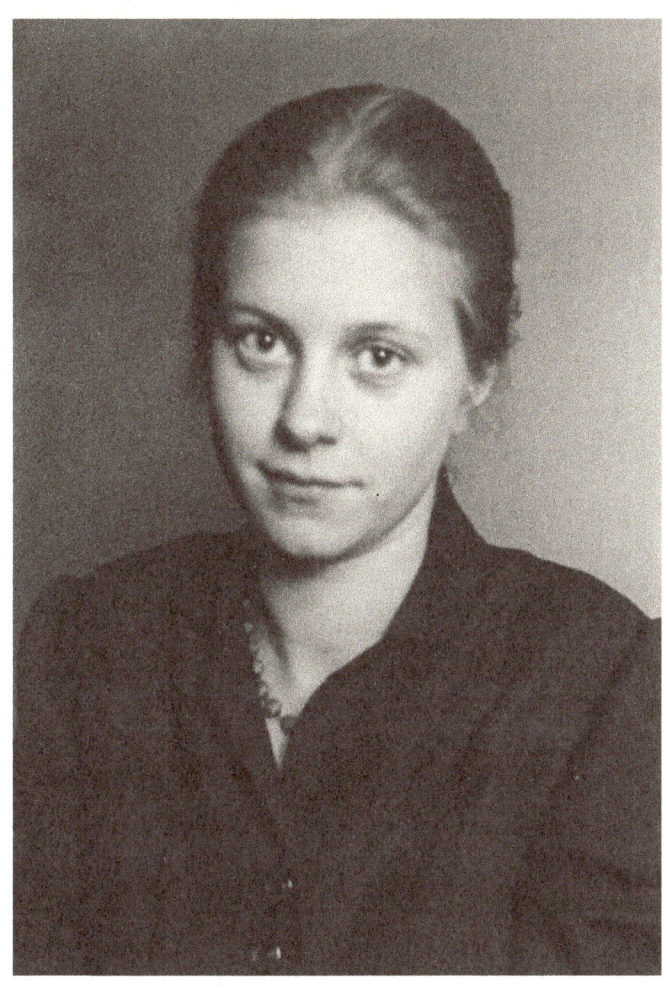

Kiew, 1943.

mervorkommen zusammengesucht und übersetzt. Die Deutschen brauchten Glimmer für die U-Boote.

Und dann – es gab keinen Strom, kein Wasser, nichts, Kiew war nicht mehr bewohnbar – dann zogen die Truppen und der Kerssenbrock und meine Mutter, die seine Haushälterin war, aus, in die kleine Stadt Shitomir. Und auch das Geologische Institut der Akademie der Wissenschaften, in dem ich arbeitete, zog dorthin um. Ich sollte meine Arbeit behalten. Und das im Krieg. Und das in Russland – Und wir hatten deutsche Verpflegung und dankten Gott, dass wir gerettet sind. Kein Mensch wusste, woran das lag. Und so saß ich da wie eine Ratte im Archiv und habe übersetzt. Aber kein ganzes Jahr.

Auch später haben mir Kerssenbrock und von Zur Mühlen ohne großes Aufsehen geholfen.

Und da lebten Sie in Shitomir?

Da waren wir in Shitomir. Und dann musste er nach Berlin. Es war so, dass er in größeren Abständen nach Berlin musste, wegen – was weiß ich, warum solche Männer nach Berlin fuhren. Und er hatte einen Chauffeur, Eike. Und damals war er schon so vorsichtig, dass er die Briefe an mich an Eike adressierte, und ich habe meine Briefe an ihn diesem Chauffeur übergegeben. – Wie der sich *auslieferte!* Das kann man überhaupt gar nicht verstehen. – Und eines Tages fiel es seiner Frau auf, dass er mit seinem Chauffeur in einem derart regen Briefwechsel steht. Und sie hat den Brief aufgemacht. Und als kluge Frau hat sie nichts gesagt. Sondern ist nachmittags zu einem Vetter gefahren und hat mit ihm gesprochen. Darauf wurde der Kerssenbrock zwar noch befördert, aber er kehrte nicht mehr auf seinen Posten zurück. Er wurde versetzt. Er wusste gar nicht, wie ihm geschah.

Ich weiß nicht, ob er was ahnte. Ich ahnte jedenfalls nicht – ich wollte ja auch studieren. Es war mir klar, noch zwei Monate oder drei Monate, und ich bin in Berlin und habe das Stipendium und studiere, und da war es mir sowieso egal. – *Ja,* so war's.

Er konnte noch einmal kommen, und dann fuhr er weg. Ich sollte im Frühjahr nach Ostpreußen auf das Gut zu einer Frau von Gerstorff gehen, der Frau seines Adjutanten, des Baron von Voss, und da mein Jahr zu Ende arbeiten. – Aber dann kam es anders ...

Die Schlucht

Ich habe dann bei einer deutschen Firma gearbeitet, als es mit ihm zu Ende war, bei der Dortmunder Union Brückenbau AG. Die baute im Auftrag der Reichsbahn eine Eisenbahnbrücke über den Dnjepr. Und meine Mutter arbeitete als Haushälterin beim Leiter der Kiewer Niederlassung der Dortmunder Union, Dr. Erich Rabl.

Und heute, mit 84 Jahren, wo ich also wirklich schon mit fünf Zehen irgendwo anders bin – noch nicht mit zehn, aber mit fünf –, da muss ich mich fragen: Was war *gemeint*? Was war vom Schicksal gemeint, dass ich hierher kam und dass kein Kommunist und kein Faschist und kein englischer Flieger mich rechtzeitig aufgeräumt hat? Ja, das muss einen Sinn haben.

Weil diese Intention auch in Ihnen lag –

Ja ... ja. Ich wollte *studieren*. Ich wollte studieren. – Als ich vor einiger Zeit nach einer Feier an der Universität mit einigen älteren Akademikern beim Essen saß, dachte ich, das sind nun Menschen, die früher die Universität darstellten, dahin wollte ich eigentlich. Tempi passati. Aber das war es ... Denn die Kollegen meines Vaters waren nicht mehr so. Das war schon Arbeiter- und Bauernintelligenz. Die hatten schon keine Manieren, mein Vater auch nicht.

Und diese jüdische Freundin, die Sie erwähnt haben?

Die wurde erschossen. In Babi Jar.

Liegt diese Schlucht so nah bei Kiew?

Ja, unmittelbar. Das war – Wir sind danach ein ganzes Jahr lang nicht mehr auf unsern Friedhof gegangen, zu meinem Vater. Ich hatte Angst gehabt, dahin zu gehen. Und dann gingen meine Mutter und ich mit einem Leutnant Kutter dahin. Er war Bergassessor aus Breslau und Adjutant von Professor von Zur Mühlen, und er hat uns freundlicherweise begleitet. Wir sind da über Papiere, kaputte Thermoskannen und verbogene Räder von Kinderwagen und alle möglichen Dinge gegangen. Die lagen dort knöchelhoch. Wirklich. – Auch meine Neta musste über diese Wiese gehen.

Wie sind Sie damit zurechtgekommen, so etwas zu erleben? Sie fühlten sich ja zu dieser Kultur hingezogen, die derart Entsetzliches verbrochen hat. Oder haben Sie das völlig getrennt gesehen?

Nein. Doch. Ich habe auch da sehr viel Glück gehabt. Ich meine, im Gegensatz zu Hölderlin oder Novalis dachte ich in diesem Alter nicht in Äonen, sondern eigentlich in unmittelbarem Radius. Und mein Radius zum Beispiel war, wie der Kerssenbrock darauf reagierte. Er war ja ein Deutscher. Er war natürlich nicht in der Partei, aber ein sehr hoher Offizier. Und da habe ich auch sehr großes Glück gehabt. Ein Beispiel: Wir wohnten im Haus Nummer 10, und Nummer 8 war ein Hofgebäude, und da wohnte unser Glaser. Und in diesen Tagen – das war ja eine tagelange, fast wochenlange Hinrichtung – erschien der Schwiegersohn von unserem Glaser in Begleitung von einem Juden, einem kleinen, schmächtigeren David von Michelangelo. Und hat ihn abgeliefert bei den Deutschen. Also beim Kerssenbrock. Graf Kerssenbrock wohnte natürlich in diesem kleinen Haus nicht alleine, da wohnten von Voss, sein Adjutant, und Eike, der Chauffeur, und zwei Burschen.

Ja, und was macht da ein Deutscher? – Er hat gesagt: «Schließen sie den Jungen im Souterrain ein», wo die Mannschaft – der Chauffeur und die Burschen – wohnte. Das Haus war gegen den Hang gebaut, einstöckig von der Straße und zweistöckig vom Garten aus. Und am nächsten Tag kam ein Anruf, und er musste mit von Voss nach Rowno, dort war der Generalstab, und Eike fuhr sie hin. Und Max Bruckner aus Thüringen, der eine Bursche, musste mit dem andern Verpflegung fassen. Alle hatten irgendwo außerhalb zu tun. Und dann hat der Kerssenbrock meiner Mutter gesagt: «Sofija Nikolajewna, da liegt auf meinem Bett ein grauer Pullover; machen Sie noch dazu ein gutes Lunchpaket, und bringen Sie das bitte runter.» Und dann gingen alle weg. Meine Mutter machte ein gutes Lunchpaket und holte den Pullover von Kerssenbrock und brachte das nach unten, wo dieser Junge saß. – Und als der Chauffeur und die Burschen nach Hause kamen, stand das Fenster offen, und der Junge war weg.

Das war Kerssenbrock. Er hatte ihn auf diese Weise gerettet. Damit war ich eigentlich halbwegs versöhnt. Auch weil ich gesehen habe, was man tut, damit ein Russenmädchen studieren kann in Deutschland. Das war nicht wenig, da wurde der von Zur Mühlen bestellt und die ganze Alexander-von-Humboldt-Stiftung in Bewegung gesetzt und so weiter. *Welches Volk hätte so gehandelt?*

Trotzdem, das ist ein ungeheures Ungleichgewicht –

So ist es. Das ist das Leben.

Und das zu ertragen –

Ja, das ist das Leben. Und ich habe das jetzt vor kurzem erst richtig verstanden, weil mir ein Bekannter ein Manuskript eines russischen Dirigenten aus Kiew schickte. Darin ist die Geschichte eines russischen Mädchens, das bei der Hochzeit an ein Lager denkt, das sich in der Nähe befindet – und dann geht sie in ihrem Hochzeitsgewand mit ihrem neu angetrauten Mann dahin. Und am Stacheldraht bemerken sie etwas Weißes, ein Mädchen, das zusammengebrochen ist; es hat unter dem Stacheldraht gegraben.

Da gräbt das Hochzeitspaar weiter und holt das jüdische Mädchen heraus und füttert es durch, bis die Amerikaner kommen. – Keine große Literatur, aber eine sehr schöne Geschichte. Ich habe sie übersetzt, für einen Sammelband bei Herder mit dem Titel *Mit einem weiten Herzen*. Und dann habe ich einen Zusatz geschrieben: Das ist zum Andenken an meine Freundin Neta Tkatsch, für die niemand gegraben hat. – Das hat mich also unheimlich berührt, und ich wollte, dass in der Widmung ihr Name voll ausgeschrieben wird. Name und Geburts- und vermutliches Todesdatum, weil das Mädchen verschwunden ist. Und niemand – niemand weiß es noch. Da habe ich gedacht, so wird sie noch einmal beim Namen gerufen. – Ja ... ja ...

Meine Freundin und ich haben uns verabschiedet, und das war und bleibt schmerzlich, aber ich bin nicht mitgegangen und habe mich vor das Maschinengewehr hingestellt. Niemand ist damals mitgegangen.

Und hübsche Mädchen – Der Weg führt zwischen dem alten und dem neuen jüdischen Friedhof hindurch, und links und rechts eine Mauer, die verlaufen in einem graden Winkel, und dann kommt die Wiese mit dem Eingang zum Friedhof, wo mein Vater liegt. Hier, auf diesen Mauern der jüdischen Friedhöfe, saßen hübsche Kiewer Mädchen und haben sich von den an dem Massenmord beteiligten SS-Leuten das Beste raufwerfen lassen.

Es wurde also nicht heimlich getan?

Mitten am helllichten Tag. Mehrere Tage lang. Die Maschinengewehre hat man in ganz Kiew gehört.

Sehen Sie, es ist mir jetzt gerade, vor ein paar Wochen, aufgegangen: Was das *bedeutete*. Ich war Angehörige des feindlichen, Krieg führenden Volkes, eines aus Untermenschen bestehenden Volkes – und ich bekomme ein Alexander-von-Humboldt-Stipendium. Und studiere Germanistik in Freiburg. Im Krieg. Und wohne bei einer Witwe, deren Mann in der ersten Woche in Russland gefallen war. – Das ist doch *unglaublich!* Das muss doch – das muss doch einen Sinn haben! Das ist doch nicht einfach so!

Ich wollte studieren

Und das Bindeglied ist im Grunde die Sprache. Wenn Sie nicht Deutsch gekonnt hätten – Und wenn das Haus nicht gegenübergestanden hätte – Es gibt lauter solche Wenns –

Ja, wenn ich eine Wolljacke angezogen hätte, dann – Aber ich hatte eben nur eine Bluse an. Und daraus hat Graf Kerssenbrock geschlossen, ich musste in diesem Haus wohnen. Und es war *keiner* dabei, der sich ein Liebchen fürs Bett präparieren wollte. – Vielleicht wollte ja auch einer, aber er ist nicht zum Zug gekommen, ich hab' jedenfalls nichts gemerkt. – Bei dem Kerssenbrock war das eine sehr ernste Sache.

Er hat mich ja auch nach dem Krieg gefunden und hat uns besucht in Günterstal. Er hat mir eines Tages geschrieben, es sei doch auch eine Verantwortung, die auf ihm liegt, und er wollte wissen, ob ich glücklich bin. Und dann kamen die beiden, er und seine Frau. Er hat sich nur für meine Tochter interessiert. Aber das Entzückende und Menschliche und zu Belächelnde war: Mein Mann hatte ihm nicht gefallen. Hinterher finde ich das wunderschön. Wir hatten damals gerade unser erstes Auto und sind dann noch auf den Wunsch Kerssenbrocks zusammen nach Colmar zum Isenheimer Altar gefahren, aber auch das Autofahren meines Mannes gefiel ihm nicht.

Und dann, als er im Sterben lag, hat er mich das wissen lassen und gewünscht, mich zu sehen. Ich bin hingefahren – sie lebten damals in Biberach –, und wir haben uns verabschiedet. Es war schon für ihn sehr schön. Ich war an der Uni, hatte meine Übersetzungen, die beiden wunderbaren Kinder. Ja – er konnte ruhig sterben. Er hatte nur Gutes an mir getan. Er musste sich nicht den leisesten Vorwurf machen.

Kiew, 1943.

Und das Stipendium, das hat er veranlasst?

Nein, er hatte dafür gar keine «Telefonlinie». Aber er hat dafür gesorgt, dass von Zur Mühlen kam, und der gehörte zu diesem Gremium. Und von Zur Mühlen hat es nachher also regelrecht durchgeführt.

Es war also nicht nur Protektion durch eine Person allein, sondern da waren immer wieder neue Konstellationen?

Ja, immer neue Konstellationen. Nur der Mammon liebt mich nicht. Aber dafür viele männliche Wohltäter, angefangen mit dem städtischen Architekt, der mein Haus betreut. Das hat auch alles irgendwie seine Richtigkeit.

Und wie sind Sie nach Deutschland gekommen?

Mit der Dortmunder Union Brückenbau AG. Dann kamen wir mit meiner Mutter in Dortmund bei der Firma in ein Ostarbeiterlager, Arbeitslager «Sunderweg 186». Das ist ein frostiges Kapitel. Wir sind da bestohlen worden, es war einer der Direktoren der Firma, der uns bestohlen hat, mit guten Beziehungen zur Gestapo. Darauf interessierte sich die Gestapo für uns. Und es ist ein reines Wunder, dass –

Als Sie mit dieser Firma aus Russland weggingen, wussten Sie da, dass Sie in ein Lager kommen würden?

Nein.

Aber die haben das gewusst?

Nein, die Firmenangehörigen in Kiew haben das auch nicht gewusst. Aber das war so ein exemplarischer Fall, wie Menschen, die bei uns also ständig Bratkartoffeln gegessen haben, sich einfach in eine vermeintliche Notwendigkeit schicken. Oberingenieure zum Beispiel, die in Kiew gearbeitet haben und die bei uns ein und aus gingen, zuckten nur mit den Schultern. Es war eben so. Wir waren nun halt im Lager. Da hat sich keiner gerührt.

Unter welchem Vorwand sind Sie denn nach Deutschland geholt worden?

Als Angehörige der Firma.

Also mit einem Arbeitsauftrag?

Ja. Die Firma arbeitete im Auftrag der Reichsbahn. Wir reisten am 30. September 1943 ab, am Namenstag meiner Mutter. Ich habe die «Marschbefehle» noch.

Es war nicht Ihr Wunsch?

Es war gar keine Frage. Das war nach Stalingrad. Da begann schon der Rückzug der Deutschen. Und auf die kämpfenden Sowjettruppen folgten die Truppen des NKWD. Und die Leute, die freiwillig – oder auch unfreiwillig – bei den Deutschen geblieben waren, wurden ohne viel Federlesens standrechtlich erschossen. Wir hätten da gar nicht überleben können.

Die Firma arbeitete im Auftrag der Reichsbahn, und da fuhren zwischen Dortmund und Kiew mehrere Züge hin und zurück. Und wir fuhren mit einem großen Güterzug der Reichsbahn in elf Tagen von Kiew nach Dortmund. Ein Auto, ein Borgward, wurde auf einer Plattform befestigt. Und wir haben darin gehaust. Wir saßen, kauerten, lagerten in diesem Auto mit unserem Hund – Tag und Nacht. Die Nächte waren unheimlich.

Gab es denn keine Personenwaggons?

Nein. Es war ein Güterzug. Und vielleicht war das unser Glück. Weil er für die Partisanen nicht interessant war. Es ist uns nichts passiert. Wir wurden nicht angegriffen oder beschossen. Obwohl wir nachts durch die allerschlimmsten Partisanengegenden gefahren sind. Was die Partisanen mit uns gemacht hätten, lässt sich überhaupt nicht ausdenken. Wir haben wunderbar geschlafen. Wir waren zusammen, meine Mutter und ich und der Hund, und dort, wo ich hinfuhr, war doch die große Chance, dass ich studieren konnte.

Haben Sie besondere Erinnerungen an diese elftägige Reise?

Nein. Nur an die Nächte, wenn der Zug mit hoher Geschwindigkeit durch das Dunkel fährt und man das Gefühl bekommt, gleich reißen die Trosse, und das Auto fliegt in den Abgrund – die Nächte waren unangenehm.

Keine besonderen Vorkommnisse?

Nichts. Es fuhren auch einige Ingenieure von der Firma mit. Wenn der Zug hielt und man Wasser holte, sah man sich und redete miteinander, aber ich mochte sie nicht. Belanglose Konversation.

Der «Bombenantrag»

Und was konnten Sie mitnehmen?

Die Zuckerdose, die Sie kennen. Die Teekanne. Diesen Teppich. Und den langen Läufer, der im Flur hängt. Irgendwelche Kleider, ich glaube nur Sommerkleider. Winterkleider waren keine mehr da, außer unseren beiden Pelzmänteln. Wir hatten inzwischen schon alles verloren.

Und meine Mutter, weise wie sie war, hatte zwei große Kisten mit Lebensmitteln dabei. Ich hatte mich in Russland immer gewundert, dass in den deutschen Illustrierten zum Beispiel ein köstlicher Brotaufstrich für die ganze Familie aus einem Radieschen und einem halben Pfund Brennnesseln empfohlen wurde. Ich habe gedacht, die Deutschen hätten einen komischen Geschmack. Aber das war die Hungersnot. – Und meine Mutter hatte einen großen Eimer mit Schweineschmalz dabei. Sie hat sehr viele Lebensmittel mitgenommen. Und das hat uns natürlich die erste Zeit über Wasser gehalten.

Aber es war Ihnen klar, dass es für immer ist?

Das war klar, ja. Ja ...

Sie sagen, Sie hätten inzwischen alles verloren? Wodurch?

Der von der Reichsbahn bestellte Leiter dieser Baustelle war ein Dr. Börner aus Regensburg. Der hat sich unser in Kiew angenommen. Und nach Stalingrad, als die Front ins Schwanken kam, hat er meiner Mutter geraten, alles Wertvolle nach Deutschland zu schicken. Und zwar gab es in Dortmund am Sunderweg 186 – das war die Adresse der Firma – auf dem Werksgelände große Halden. Das waren so fünf Stockwerke hohe Berge, und unten der Eingang. Die hätten wahrscheinlich auch Atombomben standgehalten. Das waren also die Unterkünfte für die Deutschen, für die Verbündeten, für die französischen Kriegsgefangenen und ganz hinten für die russischen Fremdarbeiter. Die russischen Kriegsgefangenen jedoch durften nicht da rein. Diese Halden waren die besten Safes.

Herr Börner hat uns also geholfen, hat uns Leute geschickt, die haben uns besondere Kisten angefertigt, und da kam eben alles rein, wovon meine Mutter hoffte, leben zu können. Teppiche, Silber, aus den Rahmen geschnittene Bilder, Winterkleider, Bettwäsche. Und das wurde in Dortmund in diesen Halden eingelagert. Aber dann stabilisierte sich die Front, und es kam wieder ein Zug aus Dortmund nach Kiew. Der sollte unsere Sachen mitbringen. Aber sie kamen nicht. Denn am Vorabend, bevor der Zug in Dortmund wegfuhr, soll eine Phosphorbombe das Magazin getroffen haben, in dem unsere Sachen aufgeschichtet waren, um in die Eisenbahn verladen zu werden. Einzig ein kleines silbernes Tablett war übrig geblieben. Als meine Mutter das hörte, sagte sie kein Wort. Sie drehte sich auf dem Absatz um und ging weg.

Ich habe gefragt und gesagt, Silber brennt doch nicht, und man hatte ja die Teppiche so zu Würsten zusammengerollt, und dazwischen immer Silbertabletts oder irgendwas getan – es müsste doch dieses geschmolzene Silber noch geben. Gab es nicht. Und nachher stellte sich heraus, das war alles gestohlen worden. Ausgeraubt von jemandem in der Chefetage.

Die Chefsekretärin, Frl. Weber, hat mich an einem Sonntag zu sich bestellt und ist mit mir durch die Etage gegangen und hat mir gezeigt, dass im Zimmer von Herrn B. – dem Jüngsten der Direktoren, Parteigenosse – einer unserer Teppiche liegt.

Also nichts von einer Bombe –

Nein.

Haben Sie etwas an Büchern mitnehmen können?

Ja. Die zwei Jahrgänge der Kunstzeitschrift *Solotoe runo*, einen Lermontow-Band, die Puschkin-Jubiläumsausgabe und zwei Kunstbücher, von denen ich mich nicht trennen konnte. Das haben wir mitgenommen.

Wie war die Ankunft in Dortmund?

Wir waren gar nicht im Bahnhof, wir sind direkt auf das Werksgelände gefahren. Wir wurden sehr freundschaftlich empfangen. Einige der Ingenieure haben bei uns in Kiew Bratkartoffeln gegessen, wenn sie im Ausland waren, und auch Direktor Becker mit seiner Sekretärin hat uns beehrt. Das war also sehr freundlich, und wir durften anfangs in dem leer stehenden Haus von Direktor Becker wohnen, meine Mutter und ich, weil er und seine Familie irgendwo auf dem Land waren.

Aber als wir auf Anraten von Mitarbeitern, die wir von Kiew her kannten, einen sogenannten «Bombenantrag» an den Oberbürgermeister von Dortmund stellten – wir wussten gar nicht, dass es so etwas gibt – und es klar wurde, dass wir aus einem unbekannten Grund doch verhältnismäßig große Werte verloren haben, da kam plötzlich die Gestapo ins Spiel. Sie schaltete sich nicht selber ein, wurde aber wahrscheinlich zu Hilfe gerufen. Und der Kreisleiter Dorsch, ein Apotheker und hohes Parteitier, der hat kein Federlesens gemacht. Er hat, wie nachher die Gestapo, die mich immer wieder verhörte, gesagt: Entweder sind wir, meine Mutter und ich, Hochstapler, oder mein Vater war ein Kommunist. Denn anständige Leute haben in Russland keine Teppiche. –

Meine Mutter lag todkrank da, aber ich marschierte immer wieder hin zur Gestapo, also mindestens zehnmal. Wir wohnten, wie gesagt, am Sunderweg, und ich musste jeweils die ganze Stadt durchqueren, bis zu einem Vorort mit Einfamilienhäusern. Und in einem dieser Einfamilienhäuser befand sich die Gestapo. Ich trug ja das blaue Ostarbeiter-Zeichen am Ärmel, und als Ostarbeiterin durfte ich keine Straßenbahn benutzen. Ich musste also zu Fuß hin und zu Fuß zurück. – Und dass ich *hingekommen* bin und *zurückgekommen* bin, und es wurde mir *kein* Haar gekrümmt, das ist und bleibt in alle Zeiten unerklärlich. Denn es gab auch Angriffe, und dann stürzte ein Balkon auf das Trottoir oder irgendwas anderes. Das ist *unglaublich*. Da muss man sich schon fragen, warum, nicht?

Und ich vermute, sag ich jetzt mal, die beiden Gestapo-Männer wussten nicht, was sie mit mir machen sollen und haben mich immer wieder laufen lassen, unbegreiflicherweise. Ich musste stets von neuem meinen Lebenslauf erzählen, und ich hatte noch gar keinen Lebenslauf. Ich habe zu viel Schiller gelesen, um zu kapieren, dass es darauf hinauslief, dass ich schließlich einfach sagen sollte: Wir sind Hochstapler, wir haben diese angeblich gestohlenen Sachen nie gehabt oder etwas in der Art. Das konnte ich nicht begreifen.

Aber es gab jemand, der wusste, dass wir in Berlin Beziehungen haben und dass ich diese Beziehungen nicht angesprochen habe, weil ich mich so für die Deutschen genierte. – Ich war zwanzig! – Ich genierte mich. Aber es war natürlich so, wie wenn ich auf einer Bombe gesessen hätte.

Erst viele Jahre, Jahrzehnte später, als ich schon in Amt und Würden war und – insgesamt 25 Jahre – in Kassel Fortbildungskurse für die Russischlehrer an den Waldorfschulen durchführte, sagte mir der Vizedirektor dieser Schule eines Tages, dass seine Frau mich kenne. Sie war die jüngste Tochter des Generaldirektors der Dortmunder Union Brückenbau AG, Mauterer. Wir haben uns nie gesehen, aber sie kannte meine Geschichte gut, weil wir beide einen sehr schönen freundschaftlichen Kontakt zu der Chefsekretärin, Elisabeth Weber, hatten.

Und ich bin in Kassel zu dieser Tochter von Mauterer, Fee heißt sie mit Vornamen, zum Tee eingeladen worden, und wir haben alles ganz sorgfältig durchgesprochen, denn es ist auch ein echtes Rätsel dabei: Wie kam das, dass wir, meine Mutter und ich, in unserem Dortmunder Ostarbeiterlager einen Marschbefehl aus Berlin bekamen, aus dem Reichsministerium für die besetzten Ostgebiete, und uns umgehend in Berlin melden sollten? Und dabei war ein beglaubigter Schein für die Benutzung der Eisenbahn.

Ich war damals in Dortmund natürlich nicht mehr höchst gefährdet, sondern ich war eigentlich schon verloren. Denn es war für jeden abzusehen, wann ich von einem solchen Spaziergang zur Gestapo nicht zurückkam. Es musste etwas geschehen.

Und da hat, wie sich nun herausstellte, Elisabeth Weber ihrem Chef, dem Direktor Mauterer, gesagt: «Wenn Sie jetzt in Berlin sind» – die Dortmunder Union Brückenbau war ein kriegswichtiger Betrieb, und er war alle nasenlang in Berlin –, «wenn Sie jetzt in Berlin sind, dann gibt es dort zwei Leute, die müssen Sie sofort anrufen und ihnen sagen, um das russische Mädchen ist es geschehen. Das ist der Graf Kerssenbrock und das ist Professor Leo von Zur Mühlen, der Rektor der Technischen Universität Berlin.» Und er hat das gemacht. Und dann ist der Kerssenbrock oder der von Zur Mühlen über die Straße in diese Reichsstelle gegangen und hat gesagt, hören Sie mal, schicken Sie den beiden sofort einen Marschbefehl.

Dann war also Elisabeth Weber eine ganz wichtige Person in Ihrem Leben.

Ja, natürlich! Denn es ging nur noch um Stunden!

Und wie ist die Beziehung zu ihr entstanden?

Das weiß ich nicht mehr. Vielleicht hat sie ein Buch von Dostojewskij gelesen oder irgendwas – Mamotschka und ich, wir waren auch bei ihr zu Hause eingeladen. Vielleicht hat sie sich für die Russen interessiert oder für das Mädchen. Es sind sehr viele Leute bei uns gewesen und haben ihr von uns erzählt.

Aber gab es nicht unzählige Russen in diesem Lager?

Doch, aber wir fielen schon auf. Sie hat sich mit den anderen Russen und dem Lager gar nicht befasst.

War das, als Sie noch in dieser Villa wohnten?

Nein, inzwischen waren wir natürlich im Lager, wir mussten nach diesem «Bombenantrag» aus der Villa raus. Wir haben dort vielleicht vierzehn Tage gewohnt, bis die Maschinerie angelaufen war wegen unserer verschwundenen Sachen. Fortan waren wir bei den Ostarbeitern untergebracht. Meine Mutter arbeitete in der Küche. Und ich habe auf dem Büro gearbeitet und aus allen slawischen Sprachen ins Deutsche übersetzt, Arbeitspapiere und andere Unterlagen. Für jeden Ostarbeiter war da ein Formularblatt angelegt, woher er kommt, was er kann, seit wann er in Deutschland ist, seine Heimatadresse und dergleichen. Ich musste das für den ganzen Balkan machen, aber das war auch weiter keine große Kunst.

Und wie haben Sie da gewohnt?

In einer Baracke. Diese Baracken sieht man noch, wenn man mit der Eisenbahn daran vorbeifährt. Flache Gebäude mit einer Tür an der Stirnseite und nichtssagenden Fenstern. Es waren große Räume mit zementiertem Fußboden, in einem Schlafraum waren vielleicht 30 oder 40 Betten, Männlein, Weiblein durcheinander. Uns es gab einen dreimal so großen Raum mit Löchern im Boden, auch hier Männlein und Weiblein egal – Und da war man.

Aber nach einer Weile bekamen wir ein Kabäuschen. Es war winzig: Es gab zwei Betten, einen Tisch und zwei Stühle; vor allem aber hatten wir eine Tür. Und das war schon ein Fortschritt.

Aber ich denke, es war immer, wie wenn ich eine Kappe gehabt hätte. Und die hat mich abgeschirmt, die Umgebung machte mir nichts aus. Meine Mutter litt mehr als ich. Sie hatte für Monate jedes Lebensgefühl verloren, ich musste alle Entscheidungen treffen. – Man hatte auch mit den Angriffen sehr viel zu tun, rein, raus, rein, raus, aber wir sind gar nie in den Bunker gegangen, weil es zu weit war. Wir haben uns auf ein Bett gelegt und haben gewartet. Denn über das Werkgelände nachts – das hätte gar keinen Zweck gehabt.

Aber wissen Sie, im Lager hatte man ja noch als Möglichkeit das ganze Leben vor sich. Man hatte noch genug Wiese vor sich, um zu vergessen und zu verdauen.

Ein Mongolenfürst

War es ein strenges Arbeitsregime?

Es ging.

Und wie lange dauerte es, bis Sie nach Berlin konnten?

Sofort. Drei Tage.
Nein, ich meine, wie lange waren Sie da schon im Lager?

Vom 11. oder 12. Oktober 1943 bis März 1944. Im März waren wir in Berlin. Wir wurden dort abgeholt von einem Herrn, der sah aus wie die Urchinesen. Wie die Mongolen. Ein Mongolenfürst. Unglaublich. Es war ein hoher rumänischer Adliger, ein Verwandter irgendwie des griechischen Königshauses, Constantin Graf Stamati. Er war in dem Ministerium für die besetzten Ostgebiete tätig. Er holte uns ab und brachte uns in ein Hotel. Und am nächsten Tag musste ich in das Ministerium, um die Begabtenprüfung abzulegen, während meine Mutter im Hotel saß und wartete. Graf Stamati ging mit mir zu einem Dr. Goepel, und der hat sich mit mir eine Stunde unterhalten. Das war die Prüfung. Ich habe das gar nicht gemerkt.

Danach ist der Graf Stamati mit uns in die Prinz-Albrecht-Straße gegangen, in die Hauptstelle der SS. Da waren im zweiten Stock lauter sehr zuvorkommende, gebildete, feine Menschen mit guten Manieren. Die haben sich entschuldigt und dann bei mir das Verhältnis meiner Glieder zum Rückgrat und die Länge meines Schädels im Verhältnis zum Durchmesser, was weiß ich, gemessen und waren immer entzückter. Darauf wurde ich in der Kantine zum Essen eingeladen, und wir haben uns sehr gut unterhalten. Sie erkundigten sich nach meinen Vorfahren und wollten so gerne, dass ich irgendeinen deutschen Ahnen hätte. Denn da wäre ich aus dem Schneider gewesen.

Man sprach davon, dass 1919 die Deutschen in der Ukraine waren. Und man weiß, dass es da irgendwelche Soldaten gab, die krank geworden sind oder den Zug verpasst haben oder ich weiß nicht was – die waren dort geblieben. Und da fragte mich einer der Herren – ich übertreibe nicht, das ist wirklich wahr –, ob es nicht denkbar wäre, dass meine Mutter 1922 an einem lauen Sommerabend durch die Felder der Ukraine streifte, und dann raschelte es im Stroh, und hervor kam ein Siegfried oder Parzival. Und im April darauf – eine Swetlana. Denn die Untersuchungen am Vormittag hätten ganz deutlich ergeben, dass ich eine reinrassige Germanin bin.

Da war ich ganz empört und beteuerte, ich sei meinem Vater wie aus dem Gesicht geschnitten, und da sei nichts mit Siegfried oder Parzival. Aber die freundlichen Herren gaben sich nicht zufrieden, sie haben zwei- oder dreimal Anlauf genommen, haben sich an meine Großmutter geheftet, weil sie Angeline hieß, das sei doch ein deutscher Name! Aber auch da gab es keine Hoffnung. Der Urgroßvater war ein General, und es gab sogar ein Denkmal von ihm. – Sie wollten der dummen Kuh helfen. Denn mit einem Teelöffel deutschem Blut wäre ich alle Schwierigkeiten für immer los gewesen. Und ich verstand das nicht. Die konnten nicht begreifen, dass ein Mensch so blöd sein kann, der doch gerade eine Begabtenprüfung bestanden hatte, dass er nicht versteht, warum sie mir eine deutsche Großmutter andichten wollten.

Doch wir haben dann im selben Gebäude Staatenlose-Pässe bekommen, die es unter Hitler eigentlich gar nicht gab, Nummer 8 und Nummer 9. Ich habe sie heute noch. Die sind nicht in Gold aufzuwiegen.

Und wenn ich mit Enkelkindern in Berlin bin, dann gehe ich immer dahin, wo das geschah, und wir gucken uns die Tafeln an – das verfemte Grundstück, das nicht bebaut werden durfte. Und mir ist es da ganz anders ergangen.

Und wie lange blieben Sie in Berlin?

Zwei, drei Tage vielleicht. Es war ja alles eingefädelt und vorbereitet. Von Professor von Zur Mühlen. Denn das Reichsministerium für die besetzten Ostgebiete hatte 1942 vorgeschlagen, Stipendien an Angehörige aus diesen Gebieten zu vergeben. Das erfuhr ich erst später. Dem Ministerium standen zwei Alexander-von-Humboldt-Stipendien zur Verfügung.

Aber der Fall der Studentin I. führte dazu, dass das Ministerium für die besetzten Ostgebiete der Partei unterstellt wurde. Und da war's aus. Man konnte das in meinem Fall nicht mehr rückgängig machen, das hätte zu viel Wirbel verursacht. Aber es gab keinen Pass Nummer 10 mehr. Das ist historisch, das ist aktenkundig: Der Fall der Studentin I.[1] Das muss doch einen Sinn haben ...

---

1 Siehe auch das Dokument von Constantin Stamati im Anhang.

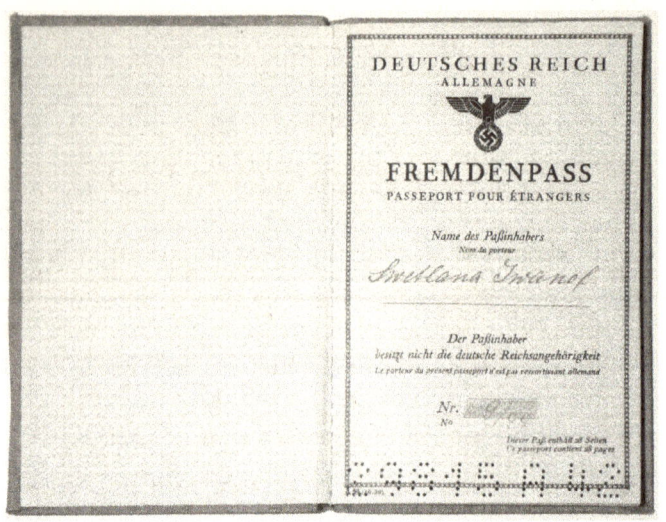

Der deutsche «Fremdenpass» Nr. 9.

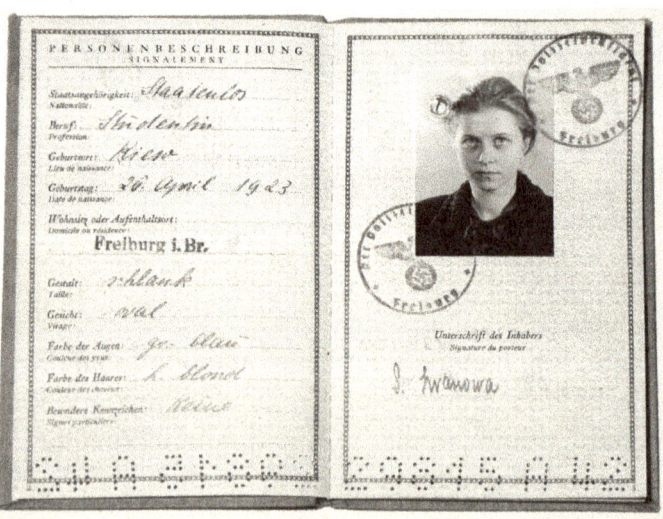

Und wer hat Ihnen dann empfohlen, nach Freiburg zu gehen?

Graf Stamati, der mich in Berlin in alle Instanzen begleitete, und Leo von Zur Mühlen haben mich beide gefragt: «Was wollen Sie studieren?» Und ich hab' gesagt: «Das ist mir ganz egal, ich will studieren.» Da hat Professor von Zur Mühlen gefragt, ob ich nicht Geologie studieren möchte. Ich hatte ja schon in Russland für ihn am Geologischen Institut der Akademie der Wissenschaften übersetzt. Das wollte ich aber nicht. Da hat er gesagt: «Ja, dann studieren Sie Germanistik.» Und die nächste Frage war natürlich: «Wo?» – «Ist mir auch ganz gleich.» – Und da sagte der Graf Stamati: «Gehen Sie nach Freiburg, ich habe da einen Schwager, der wird Ihnen helfen.» Dieser Schwager war der Kunsthistoriker Kurt Bauch, er war damals der große Rembrandt-Spezialist. Und da soll ich gesagt haben: «Ich will aber keinen Schwager, ich will alles aus mir selbst.» Er hat mich natürlich nach Freiburg geschickt, weil das die westlichste deutsche Universität war und er sich keine Illusionen über den Kriegsverlauf machte. Bis Freiburg, meinte er, würden die Russen wohl nicht kommen. Und als ich dann in Freiburg war und wir uns gehorsam bei Kurt Bauch meldeten, da machte mir dessen Frau die Tür auf und sagte: «Aha, das ist das Fräulein ‹Ich-will-alles-aus-mir-selbst›.»

Stamati war wohl Abteilungsleiter des Ministeriums. Er hat sich wirklich rührend um mich gekümmert, war mit mir zur SS gegangen, und aus seiner Hand bekam ich auch die Pässe. Aber es dauerte nicht lange und das Ministerium wurde der Partei unterstellt, Graf Stamati eingezogen und nach Polen abkommandiert. Aber dann wurde das in Berlin bekannt, und dank seinem Vorgesetzten und seinen großen Verbindungen hat man ihn sofort «freigestellt». Aber er kam nicht mehr in das Reichsministerium für die besetzten Ostgebiete.

Es war also eine Strafversetzung gewesen?

Natürlich. Nach dem Krieg lebte er in Düsseldorf – ich habe ihn da einmal besucht –, und dann kam er nach Freiburg, weil seine Frau, eine geborene Taege, eine Freiburgerin war. Er hatte Multiple Sklerose. Da haben wir uns öfter gesehen. Er war auch kein Freund von meinem Mann. – Und dann ging es ihm schlechter und schlechter; er kam in die Klinik. Er war ein Mann mit ungeheurer Selbstbeobachtung und einem einzigartigen, beinahe zynischen Verhältnis zu seiner Krankheit. Die Krankheit verlief sehr progressiv, und er konnte, Gott sei Dank, bald sterben. Sein Tod hat mich sehr getroffen. Er starb nicht schön.

Und als er starb, habe ich eine wunderbare Fortsetzungsgeschichte erlebt. Es ist eine meiner Lieblingsgeschichten. Dazu gehören solche Geschichten, die man nicht versteht. Ich habe einen Armvoll gelbe Rosen gekauft und bin zum Friedhof gefahren, und die Wärter haben mir das Kabinchen aufgeschlossen – an sich tun sie das nur für Verwandte –, und da lag mein Stamati wie ein mongolischer Fürst. Vollkommen asiatisch. Ich habe ihm meine Rosen auf die Füße gelegt, da hat der Friedhofsbeamte geguckt, hat den Strauß genommen und ihm auf die Brust gelegt.

Zwei Tage später war die Beerdigung, mit Tschaikowskij-Quartett und so uneigentlich und so unpassend zu diesem Mann, zu diesem Mongolenfürst und zu allem, was er war, zu seiner Ironie. Als ich hinausging, kam der Friedhofsbeamte auf mich zu und flüsterte: «Ich habe ihm die Rosen in den Sarg gelegt.» – Seltsam, nicht wahr? Ich war nicht tränenüberströmt, es gab kein Zeichen der Verzweiflung – aber der Mann wusste, da ist etwas Besonderes. Und es war richtig, was er gemacht hat. Ist das nicht eine wunderbare Geschichte?

Ich finde es unglaublich, wie viele *Menschen* einen gestreift haben. Und wie viel die Menschen für einen gemacht haben. Das ist etwas unglaublich Schönes und Ehrenhaftes für Deutschland: Ich war Russin, man war mit Russland in einen furchtbaren Krieg verwickelt, und nach Stalingrad wusste man, dass man den Krieg verloren hat. Und man gab sich mit so einem Wurm ab wie mir. Man muss sich das vorstellen! Eine Begabtenprüfung und das vornehmste Stipendium, das es gab. – Es war mein Glück, aber es ist unglaublich ehrenhaft für Deutschland. Es gab Leute, die so etwas fertigbrachten. Und ich muss sagen, *niemand* hat mir solche Augen gemacht, wie meine Enkeltochter heute in der Universitätsklinik von ihren Chefs gemacht bekommt. *Niemand* wollte von mir etwas haben. Das musste doch einen Sinn haben, einen Grund?

Das muss doch einen Sinn haben

Und von Berlin sind Sie nicht mehr nach Dortmund zurück, sondern direkt nach Freiburg gefahren?

Ja. Wir fuhren sogleich, als wir die Papiere hatten. Ich bekam ein enormes Stipendium, 300 Reichsmark, das war toll für uns. Ende März waren wir in Freiburg. Aber wir hatten unser Gepäck in Dortmund. Viel war es nicht. Ich hatte keine Bluse, kein Kleid, weil das alles gestohlen worden war. Na ja, und dann wollten wir die Sachen holen, vor allem die Wintermäntel waren für uns unersetzlich. Denn wir mussten ja zu zweit von meinem Stipendium leben.

So sind wir glückstrahlend mit unseren Pässen nach Dortmund gefahren und haben dort bei Direktor Becker übernachtet, bei dem wir zuerst gewohnt hatten, bevor wir ins Lager kamen. Und wie wir anderntags am Frühstückstisch saßen, kamen die beiden Gestapo-Männer rein, die mir nicht unbekannt waren. – Deutschland war wirklich fantastisch organisiert ... Ich weiß natürlich nicht, wie es dazu kam und was dahintersteckte. Aber ich habe stolz unsere Papiere gezeigt; worauf sie befahlen: «Ziehen Sie sich an, wir bringen Sie zum Bahnhof.»

Wir konnten unsere Sachen gar nicht mitnehmen. Sie hatten ein Auto, fuhren uns zum Bahnhof, drückten uns Fahrkarten in die Hand, ich weiß gar nicht mehr wohin, jedenfalls nicht nach Freiburg, und haben uns in den Zug gesetzt. Ich weiß auch nicht mehr, wo wir umgestiegen sind. Aber schließlich sind wir doch wieder in Freiburg angekommen. Wir wohnten noch im Hotel Roseneck, und die Besitzerin, Frau Meier, war ganz aufgeregt, als wir kamen. Denn da hatte sich die Freiburger Gestapo bereits nach uns erkundigt. Sie war sehr erschocken. Da wusste ich aber schon, was Gestapo ist. Denn in Dortmund wusste ich das nicht, und das hat mich wahrscheinlich gerettet.

Wir haben dann unseren Schmuck eingepackt und sind damit zu Bauchs gegangen und haben gesagt: «Wir sind zur Gestapo bestellt, und vielleicht werden wir wiederkommen; wenn nicht, gehören diese Sachen Ihnen.»

Darauf sind wir in die Goethestraße 33 gegangen, zum Gestapo-Hauptquartier, in den zweiten Stock. Meine Mutter musste im Flur warten. Dann erschien ein Mann in einer Art Trachtenjacke und forderte mich auf, ihm zu folgen. Er hieß Schmidt oder Schmid. In seinem Zimmer setzte er sich hinter den Schreibtisch, und ich sollte ihm gegenüber Platz nehmen. Und dann wiederholte dieser Mann denselben Satz, den ich in Dortmund bei der Gestapo gehört habe: «Erzählen Sie mal Ihren Lebenslauf.»

Nun war ich immatrikuliert, nun konnte ich studieren, nun hatte ich das Stipendium – und da sollte ich wieder meinen idiotischen Lebenslauf erzählen. Da habe ich zum ersten Mal die Nerven verloren und fing an zu heulen. Er hat mich eine ganze Weile weinen lassen und dann gesagt: «Nun hören Sie doch auf, ich glaube Ihnen.» Und da war's mit mir völlig geschehen. Denn ich habe *gehört*, dass es die Wahrheit ist. Nach einer Weile nahm er von seinem Schreibtisch das Diensttelegramm von der Gestapo Dortmund und reichte es mir. Darin stand, dass ich eine ganz gefährliche Person bin.

Ich habe ihm dann die Geschichte mit unseren Sachen erzählt und auch davon, dass in einem Direktorenzimmer ein Teppich von uns liegt. Und dann hat er gesagt: «Gehen Sie und studieren Sie, Sie werden nie mehr was von uns hören.»

Es vergingen vielleicht vier oder fünf Wochen, und ich musste aus irgendeinem Grund ins akademische Auslandsamt im zweiten Stock – die Universität war ja damals leer. Davor lag ein Flur, so groß wie ein Saal. Und da kommt jemand aus der Tür des Auslandsamts, und wir begegnen uns in der Mitte. Und ich sehe, das ist mein Gestapo-Mann. Ich war maßlos enttäuscht, denn ich hatte ihm vertraut. Als wir – es war kein Mensch da außer uns beiden –, als wir unmittelbar voreinander standen, habe ich ihn gegrüßt. Er blieb stehen, grüßte erstaunt zurück und gab zu verstehen, dass er die Grüßende nicht kennt. Er wusste nicht mehr, wer ich war.

Als die Franzosen da waren, erhielt ich die Nachricht von Stamati – ich weiß gar nicht, auf welchem Wege, ich glaube, über Frau Bauch –, ich sollte sofort auf die französische Kommandantur gehen, weil dieser Schmid oder Schmidt in großer Gefahr schwebe. Ich bin hingegangen, bis zum Colonel vorgestoßen und habe ihm diese Geschichte erzählt. Und er hat in meinem Beisein angerufen, denn die ganze Gestapo war gefasst und saß in Breisach ein – aber dem Mann war nicht mehr zu helfen.

Ja, und dann studierte ich.

Aber – ich habe nichts vergessen. Vielleicht ist es übertrieben, wenn ich sage, dass ich *jeden* Tag daran denke, aber fünfzehnmal im Monat bestimmt: dass da so viele Leitersprossen waren zu meiner Rettung, dass das einen Sinn haben muss und ich sehr viel abzuarbeiten habe.

War Freiburg damals schon zerstört, als Sie hierher zogen?

Nein, der Luftangriff geschah erst am 27. November 1944. Bis dahin war Freiburg gar nicht zerstört, es war eine ganz wunderbare Stadt. Die Universität war ziemlich leer. Und alle Männer, die da waren, hatten Defekte, entweder waren sie blind oder hatten nur einen Arm oder gingen an Krücken oder was auch immer. Es gab nicht einen einzigen heilen Mann. Viele Mädchen. Die Universität war kalt, es tropfte durchs Dach, aber man hat nicht gefroren. Es war wunderbar. Und ich habe zwei Freundinnen gewonnen, und es waren wahrscheinlich für uns drei die heitersten Jahre unseres Lebens.

Ich hatte kein Latein und musste das sogenannte «badische Latinum» machen, das war ein mittleres Latinum, also weder das Kleine noch das Große, sondern eins in der Mitte. An jenem 27. November ging ich nach der Vorlesung in die Straße, wo ich privat Lateinunterricht hatte, weil es mir in der Uni zu langsam ging. Und als nach Hause kam, nach Günterstal, wo wir damals schon wohnten, ging das Licht aus. Das war der Angriff. Da ist viel zerstört worden. Aber Günterstal blieb verschont.

Und was ist eigentlich mit dem Hund passiert?

Den konnten wir die ganze Zeit behalten, und er lag nachher unter dem Stubenwagen von Michaela und hat sie bis zu seinem Tod treu bewacht. Er war uns in Kiew zugelaufen, er hat sich auf der Straße meiner Mutter angeschlossen.

Als wir in Freiburg angekommen waren, hatte ich da noch ein paar Tage, um zu gucken, wie man sich im Seminar benimmt und was das überhaupt ist, ein Seminar, und ein Arbeitsplatz in der Universitätsbibliothek und das Vorlesungsverzeichnis und so was alles.

Und dann belegte ich «Das deutsche Bauernhaus» von Künzig und: «Vom Wesen des Tragischen» von Walter Rehm. Auch «Die erste Lautverschiebung» von Friedrich Maurer, das war ein Pflichtfach. Und nachmittags hatte ich um vierzehn Uhr – eine schreckliche Zeit – Erich Ruprecht, «Der deutsche Entwicklungsroman». Das waren eigentlich die beiden wichtigsten deutschen Vorlesungen. Und ich weiß, dass viele Semester lang nachmittags von 18 bis 19 Uhr «Der alte Goethe», ebenfalls von Walter Rehm, stattfand.

Im Nebenfach hatte ich Vergleichende Sprachwissenschaft bei Professor Johannes Lehmann, das war sehr gut; es saßen regelmäßig drei Studierende in seiner Vorlesung. Aber es war wirklich interessant.

Wir wohnten zuerst in einem ganz kleinen Hotel, dem Roseneck am Colombipark, sehr bequem. Das Hotel ist später den Bomben zum Opfer gefallen und wurde nachher abgerissen. Und dann sollten wir uns eben beim Schwager von Graf Stamati melden, bei Kurt Bauch, in der Hoffnung, durch die Vermittlung seiner Frau ein Zimmer zu bekommen. Und das haben wir getan.

Frau Bauch hat uns nach Günterstal begleitet, und wir bekamen zuerst eine kleine Mansarde bei Familie Eps. Ich putzte da und meine Mutter besorgte den Garten. Ab November wohnten wir dann, ebenfalls in einer Mansarde, bei einem Menschen mit einem großen Herzen und einem umwerfenden Charme, bei Marie-Theres Technau, der Witwe des Kunsthistorikers und Spezialisten für griechische Vasen, Werner Technau, der wenige Monate zuvor in Russland gefallen war. Sie hatten zwei Söhne und zwei Töchter.

Wir richteten uns in unserer Mansarde ein und saßen da, ich wünschte nur, dass es schon der nächste Tag ist und ich in die Uni rennen kann. Plötzlich kam ein hübscher Junge, Konstantin, mit der Botschaft: «Mutti hat gesagt, ihr sollt zum Essen kommen.» Ich darauf: «Vielen Dank, wir haben schon gegessen.» Da ist Frau Technau selber heraufgekommen und drohte: «Donner und Doria! Entweder folgt ihr mir, oder ihr zieht sofort aus!» Donner und Doria! Wir haben ihr gefolgt und unter ihrem Dach neun glückliche und reiche Jahre verbracht.

Wie lange waren Sie zuvor im Hotel?

Ganz kurz, denn für ein Hotel reichten 300 Mark natürlich nicht. Und vor allen Dingen, meine Mutter ging ein. Es war März, die Erde fing an zu duften, überall spross es – und sie saß im Hotel. Das war furchtbar. Sie wäre dort eingegangen. Und bei Frau Technau war es wunderbar. Meine Mutter hat ihr im Haushalt geholfen, und wir haben keine Miete bezahlt. So konnten wir herrlich von dem Stipendium leben. Und als ich heiratete, da habe ich mich bei der Stipendienstelle abgemeldet. Das war russisch-blöd, einmalig! Ich habe argumentiert: Jetzt bin ich verheiratet, und mein Mann, ein Geiger, hat eine Stelle im Orchester.

Russische Wendungen

Sie haben noch während des Studiums geheiratet?

Ja, ich habe früh geheiratet. Ich war zweiundzwanzig. Und ich war dreiundzwanzig, als meine Tochter geboren wurde.

Wie haben Sie Ihren Mann kennengelernt?

In der Straßenbahn. – Ich musste mit Frau Eps, bei der wir damals noch wohnten, in einen Vorort fahren. Dort war ein großer Garten, und sie bekam dort Falläpfel. Wir haben also zwei große Rucksäcke voll Falläpfel geholt. Und auf der Rückfahrt in der Straßenbahn sagte Frau Eps: «Ach, Frau Geier hat ihren Sohn aus dem Lazarett geholt!» Damals hatte die Straßenbahn zwei parallele Bänke an beiden Längsseiten. Uns gegenüber saß eine sehr jung aussehende Frau mit einem sehr blassen, sehr schönen Menschen in Uniform. Mit zwei Krücken.

Und dann, nach ein paar Tagen, kam ein sehr hübsches junges Mädchen zu Frau Eps und sagte: «Bei uns wird heute Abend musiziert, und meine Mutter lässt fragen, ob die Russin zuhören möchte.» Und ganz unschuldig habe ich gedankt: «Gerne.»

Christmut Geier war, wie gesagt, Geiger und zwei Jahre älter als ich. Er hatte sein Abschlusskonzert gespielt, wurde sofort eingezogen und verlor in Russland sein linkes Bein, 20 cm unterhalb des Knies. Seine Mutter hat ihn tatsächlich an jenem Tag aus dem Lazarett geholt.

Es ist ganz komisch: Meine Schwiegermutter ist eine geborene Fresenius. Das ist ein Frankfurter Patriziergeschlecht. Ein Vorfahre, Johann Phillip Fresenius, kommt sogar bei Goethe in *Dichtung und Wahrheit* vor. Und die Fresenius' sind alle Chemiker gewesen. Der Vater meiner Schwiegermutter, Karl Fresenius, war mehrere Jahre in Russland gewesen und hat da irgendein chemisches Werk aufgebaut. Es gab zum Beispiel einen Schreibtisch, den hatte er sich in Russland machen lassen, den hatte Christmut geerbt. Und ich habe ein Brett aus einem Bett, das der Fresenius aus Russland mitgebracht hat, daraus habe ich mir einen Tisch machen lassen.

Christmuts Vater, Heinz Geier, war Maler und Bildhauer, ein Abenteurer und, ich glaube, ein weiberfressender Mensch. Und auch er ist nach Russland gegangen, mit einem Korb Reclam-Taschenbücher als einzigem Besitz und Gepäck.

Und warum?

Er suchte den Geist. – Er muss fabelhaft ausgesehen haben. Und er hat dort – wahrscheinlich auf Grund seines wunderbaren Aussehens – Fortüne gehabt. Er ist von einer großen Familie sehr freundlich aufgenommen worden. Die Familie bestand aus zwei Teilen: Die einen waren Teehändler, aber im internationalen Format, und der andere Teil hatte ein Verlagshaus. Sie hießen Sabaschnikow. Und es gab da einen Sohn, Alexej, und eine Tochter, Margarita. Die Tochter ist die «Grüne Schlange», eine Malerin: Sie heiratete den Dichter Maximilian Woloschin und wurde später durch ihr Erinnerungsbuch *Die grüne Schlange* bekannt. Der Sohn studierte.

Und es ist durch Zeugenaussage verbürgt, dass mein Vater und mein Schwiegervater sich in Moskau gekannt haben müssen. Denn Alexej Sabaschnikow war gleichzeitig mit meinem Vater an der Landwirtschaftlichen Akademie tätig. Um diese Zeit hatte sich mein Schwiegervater bei Sabaschnikows aufgehalten. Es ist gar nicht anders denkbar, sie müssen sich begegnet sein.

Und – das ist ein interessanter Punkt: Mein Mann hat hin und wieder sonntags in der Friedrich-Husemann-Klinik in Wiesneck ein Konzert gegeben. Und ich fuhr immer mit, es war vormittags, wir hatten da schon die Michaela, wahrscheinlich auch schon Johannes. Während mein Mann noch probte, saß ich da und habe gelesen. Eines Tages spricht mich plötzlich jemand an, und ich schaue auf, und da steht ein sehr gut aussehender, sehr auffallender alter Herr mit einer üppigen weißen Mähne und fragt mich

Christmut Geier, 1945.

auf Russisch: «*Wy russkaja,* sind Sie die Russin?» Er hatte gehört, dass die Frau von dem Geiger, der das Sonntagskonzert spielen wird, eine Russin sei. Ich bejahte, ebenfalls auf Russisch. Und dann sagt er: «Heißen Sie vielleicht Iwanowa?» Ich sage: «*Da?!*» Und er:

«Ich bin Alexej Sabaschnikow, ich war mit Ihrem Vater Assistent an der Petrowskaja-Rasumowskaja Akademija in Moskau.» – Er hat mich allein auf Grund der großen Ähnlichkeit mit meinem Vater erkannt. Es war ein sehr interessanter Mann, aber ich war zu jung, ich habe ihn nicht gebührend estimiert.

Aber es ist so merkwürdig, wie die russische Linie durchgeht. Auch bei beiden Schwiegereltern.

Und das Interessante ist nun, dass der Vater von Christmut in Moskau durch Alexej Sabaschnikow die Anthroposophie kennengelernt hat – mein Vater interessierte sich natürlich nicht dafür – und dessen wahnsinnig reiche, verhältnismäßig junge Tante, Tatjana Bergengrün. Sie war mit einem Baltendeutschen verheiratet und sehr wohlhabend. Die beiden, Heinz Geier und Tatjana Bergengrün, wollten zusammen nach Indien fahren, nach Adyar, ins Zentrum der Theosophen. Er musste aber dafür seinen Pass holen, oder der Pass war abgelaufen, jedenfalls ist er vorher nochmals nach Deutschland gekommen, um die Papiere in Ordnung bringen zu lassen. Da hat er aus einer fahrenden Eisenbahn bei Darmstadt eine Gruppe junger Mädchen im Heu arbeiten sehen. Und er ist bei der nächsten Haltestelle ausgestiegen und hat, ich weiß nicht, in der nächsten Woche oder so, der Dora Fresenius einen Heiratsantrag gemacht. Dabei wartete auf ihn die reiche Tatjana Bergengrün. Ich habe die Fahrkarten nach Indien in meinen Händen gehabt! Bei meiner Schwiegermutter.

Karl Fresenius aber hat nicht im Traum daran gedacht, seine Tochter – deren Schwester Caroline war Generaloberin des hessischen Diakonievereins – irgend so einem dahergelaufenen Maler zu geben. Und er hat nein gesagt. Daraufhin setzten sich die beiden in den Zug und fuhren nach Berlin. Und nach einer Weile – und das habe ich meinem Schwiegervater nie verziehen; ich habe ihn nicht kennengelernt, aber ich finde ihn abscheulich – schickte er den Eltern ein Telegramm: «TAGE AUSGEBLIEBEN BITTEN UM HEIRATSERLAUBNIS». Damals war das ein hinreichender Grund. Der Fresenius hat die Heiratserlaubnis gegeben – er hat seinen Schwiegersohn *nie* gesehen. Der durfte nicht in das Haus. Christmut kannte nur seine Großmutter, die hat sie besucht. Aber nicht das Stammhaus.

Ja, und dann haben sie geheiratet und hatten sechs Kinder. Mein Mann war der Älteste. Rudolf Steiner hat ihm als Kind noch über den Kopf gestreichelt. Zu Luthers Zeiten wäre er ein protestantischer Prediger gewesen, jetzt war er ein protestantischer Anthroposoph. Aber seine Art, Anthroposophie zu betreiben, war nicht die meine. Und das war sicherlich auch ein Grund, warum wir uns nach sechzehn oder siebzehn Jahren trennten.

Meine Tochter war kürzlich hier, und ich habe gesagt: «Ich würde gerne mit dir etwas lesen, was du jetzt brauchst, was du jetzt liest.» Sie ist eine hervorragende Waldorflehrerin, und da wird also immerzu Steiner gelesen. Und so las sie mir aus *Wie erlangt man Erkenntnisse der höheren Welten?* vor. Und was hör ich? Steiner sagt das, was ich gesagt habe. Dass er nämlich *übersetzt:* «Denn dasjenige, was in den Dingen wirklich ‹verborgen› (okkult) ist, kann weder mit den Worten der gewöhnlichen Sprache unmittelbar ausgesprochen, noch kann es mit den gewöhnlichen Schriftsystemen aufgezeichnet werden. Diejenigen, welche von den Eingeweihten gelernt haben, *übersetzen* die Lehren der Geheimwissenschaft in die gewöhnliche Sprache, so gut das geht.»[2]

Ich glaube, Steiner war im konventionellen Sinne kein belesener Mensch. Er entstammte der Familie eines mittleren Bahnbeamten. Und ich glaube, dass er, einfach durch sein Studium und einen sehr beschränkten Interessenskreis durch dieses Studium, kein Sprachtraining hatte. Verstehen Sie, das ist genauso wie beim Fußball: Man muss trainieren. Man muss Sprache mit beiden Händen schöpfen, um zu haben. Und er hat es schwer. Es fehlt ihm sozusagen beim Übersetzen an Eindringlichkeit, die Reserven sind bescheiden. Daher auch die Versatzstücke, Wiederholungen und Ungeheuerlichkeiten. Das ist keine Kritik, sondern ein Blick in den Kochtopf des Nachbarn.

---

2 Rudolf Steiner: *Wie erlangt man Erkenntnisse der höheren Welten?* Rudolf Steiner Verlag, Dornach 1993 (GA 10), S. 78.

Und dann hat sicherlich auch Frau Steiner ihm manchen Bärendienst erwiesen, weil ein baltischer General sich von einem Bahnvorsteher in Kraljevec nicht sehr unterschied.[3] Es waren nicht die gebildetsten Leute. Zudem war es die Zeit von Tolstoj. Und so wie es evangelische und katholische Anthroposophen gibt, so gibt es Tolstoj- und Dostojewskij-Leser. Und die Generalstöchter zu ihrer Zeit lasen Tolstoj. Ich denke immer, sie war für ihn so etwas wie ein Periskop für ein Unterseeboot. Sie hat vieles vermittelt – nicht verbal, sie hat ihn aufgepumpt mit etwas, was bei der eigenen Lektüre nie geschehen wäre. Und seine Auslassungen über *Die Brüder Karamasow*[4] haben wir Frau Steiner zu verdanken. Sie hat manches infiltriert.

Aber ich war natürlich überselig, als ich bei ihm las, dass es ein Übersetzungsvorgang ist. Man muss eben eine Arbeit leisten, wenn man von Sprache zu Sprache oder von Nichtsprache zur Sprache geht. Denn: «Die Sprachen sind die Arbeit des Geistes.»[5] – Toller Satz.

---

3   Marie Steiner-von Sivers' Vater war deutsch-baltischer Generalleutnant; Rudolf Steiner wurde im kroatisch-ungarischen Grenzort Kraljevec geboren, wo sein Vater damals als Angestellter der österreichischen Südbahn stationiert war.

4   Steiner bezeichnet *Die Brüder Karamasow* in einem Vortrag vom 13.2.1916 unter anderem als «Hintertreppen-Literatur».

5   «Die Sprachen als eine Arbeit des Geistes zu bezeichnen, ist schon darum ein vollkommen richtiger und adäquater Ausdruck, weil sich das Daseyn des Geistes überhaupt nur in Thätigkeit und als solche denken lässt.» Wilhelm von Humboldt, *Über die Verschiedenheit des menschlichen Sprachbaus und ihren Einfluss auf die geistige Entwicklung des Menschengeschlechts*. Zit. n. Wilhelm von Humboldt, *Schriften zur Sprachphilosophie*, Werke in fünf Bänden, J. G. Cotta'sche Buchhandlung, Stuttgart 1988, Bd. 3, S. 419.

Jeder Stuhl ein Abenteuer

Wann haben Sie geheiratet?

Unsere Begegnung fand im Herbst 1944 statt, noch vor dem Luftangriff. Und dann haben wir am 26. April 1945 geheiratet.

Das ging aber schnell. Haben Sie in der Straßenbahn denn schon miteinander gesprochen?

Nein, da haben wir gar nicht gesprochen.

Aber die beiden Frauen haben sich gekannt?

Ja, die haben sich gekannt. Beide waren Mitglieder der Anthroposophischen Gesellschaft. Die Geiers waren eine Kölner Familie mit sechs Kindern, von elf bis – mein Mann war damals vierundzwanzig, glaube ich. Sie wurden nach Freiburg evakuiert. Der Vater Geier war bereits gestorben.

Und das war Liebe auf den ersten Blick?

Ja, das wird wohl so gewesen sein ...

Als Sie geheiratet haben, sind Sie schon in dieses Haus in Günterstal gezogen?

Nein. Da waren wir noch bei Frau Technau, aber nicht mehr in der Mansarde, sondern in einer kleinen Wohnung mit zwei Zimmern und Notküche. Meine Mutter wohnte ja mit uns.

Und wovon haben Sie gelebt? Sie studierten ja noch?

Ich hatte mein Stipendium, und mein Mann hatte dem General-

Günterstal, 1945/1946.

musikdirektor Bruno Vondenhoff vorgespielt und wurde daraufhin Mitglied des Städtischen Philharmonischen Orchesters. Er verdiente wenig. Wir hatten es sehr, sehr knapp. Aber das war gut so, denn ich neige zum Verschwenden. Und es war einfach nichts da zum Verschwenden. Man musste sehr geschickt sein. Wir hatten keine Tasse und keinen Löffel und keine Gabel und keine Kiste und kein Sofa, keine Matratze, nichts. Wir hatten einfach nichts. Auch die Geiers hatten nichts. Und das war eigentlich sehr schön, das alles zusammenzukratzen. Jeder Stuhl ein Abenteuer. Hin und wieder habe ich mit meiner Mutter bei Bauern gearbeitet und dafür Winterkartoffeln erhalten. Von Bekannten bekamen wir Kleider, die diese nicht mehr trugen. Es verging über ein Jahrzehnt, bis ich mir zum ersten Mal einen eigenen Mantel kaufen konnte.

Daher war es ganz gut, dass ich anfing zu arbeiten. Ich habe noch während des Studiums begonnen, Russisch zu unterrichten. Und dann habe ich eben das Lektorat hier in Freiburg bekommen. Und dann hat Karlsruhe mich abgeworben.

Wann haben Sie das Studium abgeschlossen?

Ich habe es nicht abgeschlossen, sondern 1957 mit einer Arbeit über den Entwicklungsgedanken bei Novalis beendet. – So etwas kann man auch nur machen, wenn man jung ist. – Ich habe nur die Arbeit geschrieben, kein Rigorosum gemacht. Ich hatte da bereits den Auftrag von Rowohlt und wusste, dass ich an der Universität keine Karriere machen werde. – Aber es waren wunderbare Jahre und sehr heitere Jahre; es ist sehr schön gewesen. Und weil meine Mutter bei uns wohnte, habe ich von meinen Kindern eigentlich nur die schönen Seiten erlebt.

Ich war dann 35 Jahre hier an der Uni, und später gleichzeitig in Karlsruhe. Mit dreißig habe ich angefangen. Sechzig Semester. Und in Karlsruhe sind es, glaub ich, fünfzig Semester. Und jetzt hat mir die Universität Karlsruhe ein wunderbares Angebot gemacht: Ich könnte machen, was ich wollte, so viel wie ich wollte und unter den Bedingungen, die mir gefallen. Das ist ein Novum, und ich gratuliere der Fridericiana, weil es ein Bekenntnis zur Qualität ist und eine Abkehr von der anti-universitären Bürokratie.

Ich las kürzlich in Berlin, hinterher kommt ein Opa mit einem grauen Bart auf mich zu und sagt: «Sie kennen mich bestimmt, ich bin X. Y. und habe 1962 bei Ihnen Puschkin gelesen.» Noch nie hat mir jemand gesagt, er hätte vor vierzig Jahren bei mir russische Vokabeln zur Verfahrenstechnik gelernt. Aber wenn die jungen Menschen Puschkin gelesen haben, behalten sie es. Und dann kommen sie nach über vier Jahrzehnten und setzen auch noch voraus, dass ich sie kenne. Es muss ein ganz entscheidender Eindruck gewesen sein. Und da bin ich natürlich sehr dankbar dafür.

Als ich damals angefangen habe zu unterrichten, da war Kalter Krieg, und ich habe ganz naiv gedacht, dass sich, wenn man bei mir Russisch gelernt hat, später eine überraschende Möglichkeit einstellen könnte, richtig zu handeln.

Sie haben damals damit gerechnet, dass die Russen kommen?

Mit Christmut Geier nach der Geburt der Tochter Michaela, 1946.

Alle haben damit gerechnet, dass es nicht gut ausgeht. Es kann auch jetzt jeden Moment losgehen.

Lebt Ihr Mann noch?

Mein Mann ist vor fünf Jahren gestorben. Nachdem wir uns trennten, hatte er aufgehört, sich anzustrengen. Er heiratete meine frühere Schülerin. Sie bekamen drei Kinder, für die er eigentlich schon zu alt war. Und als Schwerkriegsversehrter ließ er sich frühzeitig pensionieren und machte ein bisschen alte Musik.

Als wir uns dann irgendwann einmal beim Einkaufen trafen, habe ich gesagt: «Christmut, jetzt verstehst du, warum wir uns scheiden ließen. – Du wärst doch nicht frühpensioniert, wenn wir zusammengeblieben wären.» Da musste er furchtbar lachen und sagte: «Du hast recht.»

Eines Tages bekam er einen Schlaganfall und verlor die Sprache. Er war Kölner, er war ein Sanguiniker, er war ein Weiberheld, er hatte sehr viel Charme. Sprechen war ihm wichtiger als Essen und Trinken und Geigespielen. Das war sehr schlimm für ihn.

Darauf ist er ins Augustinum gezogen. Und er war dort allgemein beliebt, er sah immer noch fabelhaft aus – aber nach dem Schlaganfall lebte es sich doch viel mühsamer. Seine Haltung war sehr eindrucksvoll: Er blieb ein Herr. Und er hatte nie geklagt. Er hat versucht, ohne sich zu schonen, Kontakte aufrechtzuerhalten. Er hatte sehr gelitten. Der Kreis um ihn wurde immer enger und enger. Einmal war ich mit meiner Tochter bei ihm, inzwischen saß er im Rollstuhl. Sie hatte sein Zimmer schon verlassen, ich kam nochmals zurück und habe ihn umarmt. Da sagte er mir, so gut er konnte, ins Ohr: «Wozu?» Daran konnte man ermessen, wie schwer es ihm fiel, so reduziert zu leben. Zwei Tage später starb er.

Bahnsteig eins unter der Uhr

Sie sagten, Sie hätten nie daran gedacht, Übersetzerin zu werden –

Ja. Ich habe schon ganz richtig empfunden, dass es ein völlig unattraktiver Beruf ist. Ich habe wirklich nie daran gedacht, eine Übersetzerin zu werden. Und ich glaube auch nicht, dass man es lernen kann. Der Studiengang «Übersetzen» ist sinnlos. Man kann übersetzen nicht lernen. – Was mich von Anfang an interessierte, wirklich interessierte, ganz praktisch und ganz konkret: Wie verhalten sich die Sprachen zueinander, «Ruhest du auch» zu «Отдохнёшь и ты»?

Schon früh?

Ja, das ist sehr früh gewesen. Da war Michaela vier und Johannes eins. Mein Blick war damals von vornherein auf das Defizitäre beim Übersetzen gerichtet. Ich habe nie gedacht, wie schön, dass es einem gelungen ist, oder: Das ist es! Nie. Ich habe immer das Gefühl gehabt, das ist nie dasselbe.

Und das war der Ansporn?

Vielleicht versucht man mit der Zeit, das doch zu minimalisieren. Aber dass es nicht dasselbe ist, das war mir klar. Und das ist im Grunde keine förderliche Einstellung für den Übersetzer. Denn er müsste eigentlich von dem Glauben besessen sein, es ist dasselbe. Aber für mich ist es nicht dasselbe.

Aber es muss doch etwas dran sein an dem Ganzen, sonst hätten Sie ja nicht weitergemacht. Ist es das Ausloten einer Grenze?

In den Menschen lebt wahrscheinlich eine Sehnsucht. Die wird zwar verschieden ausgelegt, aber man kann doch sagen, es ist eine Sehnsucht nach Identität, nach Vollkommenheit. Nach dem Original. Denn unser ganzes Leben ist ausgefüllt mit Kompromissen. Alles. Das Verstehen, alles. Überall findet sich da ein Minus. Es ist nicht es selbst, es ist nicht identisch, es ist eben nicht das Original. Und so wie der Mensch endlich ist – das hängt sicherlich miteinander zusammen –, so ist er auf den ewigen Kompromiss angewiesen. Und das ist natürlich auch der Reiz, und das ist das eigentliche Humane am Übersetzen. Weil – weil wir, ohne es zu wissen, immer übersetzen. Auch jetzt. Und wenn man sich noch so gut kennt: Es ist nicht dasselbe.

Es ist vielleicht überhaupt die menschlichste Betätigung. Man sucht ja immer das andere, man will es fassen. Und es entzieht sich immer wieder.

Nein, ich möchte *nirgends woanders leben*. Und ich glaube – ich glaube, dass das Deutsche etwas unheimlich Wichtiges für das Russische ist. Genauso wie das Russische dem Deutschen ungeheuer helfen könnte. In Russland herrscht jetzt eine babylonische

Sprachverwirrung. Kultur aber ist Tradition, das eine baut auf dem andern auf. Doch seit dem Ersten Weltkrieg und bis übermorgen gibt es keine tragende Idee, man weiß nicht, was tun.

«Die Sprachen sind die Arbeit des Geistes.» Das ist immer wie ein Schluck Alpenluft. Schiller und Humboldt werden in mir keinen Konkurrenten haben.

Sehen Sie, es gibt konkrete historische Voraussetzungen für eine Sprache, eine Kultur. Zum Beispiel das Latein für Westeuropa. Es gab Rom, man kann sich drehen und wenden – Uwe Pörksen hat einmal gesagt, wenn der Deutsche ein Brötchen kauft, gebrauche er lateinische Strukturen. Das Deutsch vergleicht er mit einem Fachwerkhaus, das ein festes Skelett hat. Die Zwischenräume zwischen den Balken bestehen aus einem germanischen Konglomerat. Die Balken sind das lateinische Erbe. Das Gleiche gilt für die romanischen Sprachen. – Aber das Russisch hat keine Balken. *Wenn man sich das klar macht!* Was das bedeutet! Was *das* bedeutet ...

«Ich habe zwei Kinder.» Ein klassischer Hauptsatz: Subjekt – Prädikat – Akkusativobjekt. Das Akkusativobjekt ist eben ein Objekt, das heißt, es ist nicht souverän. Es ist abhängig von dem Verb und dem Subjekt. Wenn ich den Sachverhalt auf Russisch wiedergeben will, dann stülpe ich diesen Satz um. Das, was im Deutschen ein Akkusativobjekt ist, wird das Subjekt; es wird souverän. Und es bestimmt mein Sein: Ich komme in den Genitiv. *U menja dwa rebjonka:* Bei mir – im Russischen verlangt die Präposition «bei» den Genitiv – sind zwei Kinder. – *Man braucht doch überhaupt nichts mehr zu erklären!* Machen Sie mit einem solchen Volk ein Wirtschaftswunder – es ist unmöglich! Daran ist nicht Putin schuld oder Stalin oder Lenin oder Karl Marx – das Volk *kann* es nicht. Ihm fehlen die sprachlichen Voraussetzungen. Wenn es etwas hat, verliert es die Souveränität. – Verstehen Sie? Man kriegt doch Gänsehaut!

Und genau das geht dem Deutschen ab. Der Geist arbeitet jedoch nicht so schnell, dass sich die grammatischen Strukturen zu unseren Lebzeiten verändern. Aber man kann immerhin ein bisschen Luft schöpfen.

In Erwartung des Sohnes Johannes, 1949.

Es gibt gewissermaßen eine umgekehrte Perspektive.

Natürlich. Und es gibt eben ganz andere Möglichkeiten zu *sein*. Und das drückt sich in der Sprache aus. – Oder zum Beispiel das Aufladen der Dinge, der genannten Dinge, der Namen der Dinge, mit Subjektivem, ohne sich eines Eigenschaftsworts zu bedienen. «Eine kleine Tasse» geht; aber «ein kleines Tässchen» ist im Deutschen eine Tautologie. Im Russischen ist das keine Tautologie. Ich kann das Eigenschaftswort zu einem Diminutiv machen und ich kann das Substantiv zu einem Diminutiv machen: «*malenkaja tschaschetschka*». Die Variabilität der Endungen, die Durchlässigkeit sind fantastisch.

Wie kam es zu Ihrer ersten Übersetzung?

Ich wusste gar nicht, dass es einen solchen Beruf gibt. Als ich angefangen habe zu übersetzen, tat ich das nicht, um eine Übersetzerin zu werden, sondern weil mich das Verfahren interessierte. Ich war überzeugt, dass das Verfahren des Übersetzens ein defizitäres ist. Und ich habe einen fabelhaften Schutzengel gehabt: Ich habe einen manieristischen Text gewählt. Jetzt weiß ich natürlich, dass das viel leichter zu übersetzen ist als eine Zeile von Puschkin.

Ich habe von meinen Eltern sehr schöne Bücher bekommen. Von meinem Vater zum Beispiel 1937 die Jubiläumsausgabe von Puschkin. Und von meiner Mutter zwei Jahrgänge von *Solotoe runo*, der symbolistischen Zeitschrift *Das goldene Vlies*, die 1906 bis 1909 in Moskau erschien. Beides habe ich nach Deutschland mitnehmen können. Darin ist eine Erstveröffentlichung von einem bekannten Dichter, er nannte sich Symbolist, Leonid Andrejew. Der Text ist an der Grenze des Unverständlichen.

Meine Mutter hat sehr viel dafür getan, dass ich weiter studieren konnte, als wir die Kinder hatten. Sie war Tag und Nacht da, aber sie hat gesagt: «Ich muss nachmittags zwei Stunden für mich haben.» Wir hatten damals eine sehr kleine Wohnung. So bin ich mit den beiden Kindern täglich in den Wald gegangen. Es wurden Bäume gefällt, und es blieben wunderbare Baumstümpfe. Die Kinder haben gespielt, und ich saß auf einem Baumstumpf und übersetzte Leonid Andrejew.

Und dann – das war Instinkt – wusste ich, das Entstandene musste befreit werden von meiner Schrift. Ich hatte keine Schreibmaschine, dafür aber einen Freund, den unvergesslichen Gottfried-Martin Daiber, den immer hilfsbereiten; ich habe ihn gefragt: «Haben Sie eine Schreibmaschine?» Er bejahte. «Können Sie mir die Schreibmaschine leihen?» – «Können Sie denn schreiben?» – «Natürlich nicht.» – «Was wollen Sie denn schreiben?» – «Ich habe Andrejew übersetzt, und ich möchte den Text gerne abschreiben.» – Da hat Herr Daiber gestrahlt: «Wenn ich den Durchschlag behalten darf, dann werde ich Ihnen das abschreiben.»

Und dann hat er meine Übersetzung abgeschrieben. Es vergingen etwa vier Wochen, und der zweite Andrejew war auch übersetzt. Wir hatten kein Telefon, so bekam ich eines Tages eine Postkarte von Daiber: «Ich muss Sie dringend sprechen. Donnerstags um zwei Uhr» – er arbeitete in einem kleinen Verlag in Freiburg und wohnte in Kirchzarten –, «Bahnsteig eins unter der Uhr.»

Mein Mann sagte kategorisch: «Du gehst nicht hin! Diese Unverschämtheit! Man bestellt nicht eine verheiratete Dame auf einen Bahnsteig. Und dann auch noch unter der Uhr! Du gehst nicht hin!»

Ich bin natürlich hingegangen. Und da hat mir Herr Daiber gesagt, dass mein Manuskript schon in München sei; man hatte die Reihe «Rowohlts Klassiker» begonnen, der Herausgeber, Ernesto Grassi, war in Freiburg gewesen, die beiden kannten sich, Grassi hatte mein Manuskript gleich mitgenommen. Ich sollte auch noch eine zweite Erzählung übersetzen und ein Essay «Zum Verständnis der Werke» schreiben. Und ich habe das gemacht, und das war der Anfang.

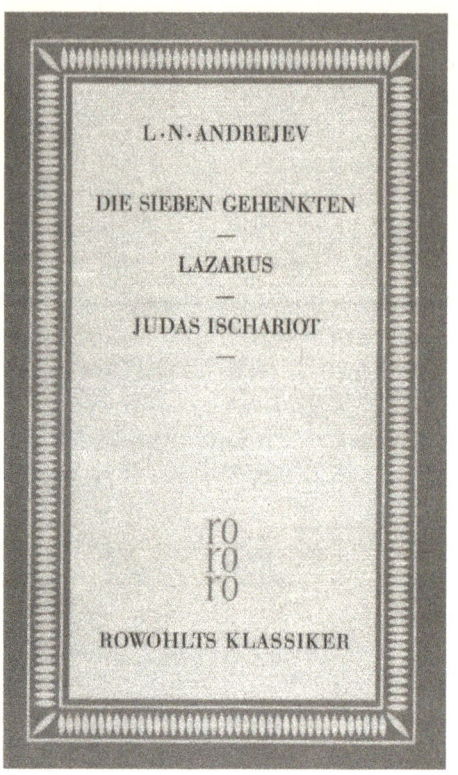

Umschlag der ersten Übersetzung, Erzählungen von Leonid N. Andrejew in der Reihe Rowohlts Klassiker, September 1957.

Sehr bald habe ich Professor Grassi selber kennengelernt, da hatte er mich gefragt: «Wollen Sie nicht Dostojewskij übersetzen?» Ich war damals blond, und es wäre mir nicht gelungen, den Titel *Schuld und Sühne* zu verabschieden. Aber es gab eine Fußnote, und da steht drin: Es gibt Gewohnheitsunrecht, *das Buch heißt anders*. Grassi hatte vor, für diese Reihe den ganzen Dostojewskij neu übersetzen zu lassen. Aber dazu ist es nicht gekommen.

Hieronymus im Gehäuse

Wann wurde das Übersetzen für Sie ernst?

Ich habe da angefangen, wo alle anfangen. Die Erich-Fried-Tage 2007 zum Thema «Literatur und ihre Übersetzer», an denen ich kürzlich in Wien teilnahm, standen unter dem Motto: «Das Übersetzen großer Dichtungen ist unmöglich und sehr nützlich.» Es stammt von Erich Fried. – Der Satz ist falsch. Ich habe ihn abgeändert und habe auch erklärt warum: «Das Übersetzen ist unmöglich *aber* sehr nützlich.» Nicht «*und*», sondern «*aber*» sehr nützlich. Ich glaube, jetzt weiß ich langsam, worum es geht. – Es ist nicht so wie damals, als ich angefangen habe und mich der Vorgang des Übersetzens interessierte, weil es für mich ganz klar ein defizitärer Vorgang war. Weil die Sprachen nicht kompatibel sind.

Die Tatsache, dass die Sprachen nicht kompatibel sind, ist jedoch nicht die einzige Hürde beim Übersetzen. Es gibt auch noch persönliche Hürden. Die Grenzen einer Persönlichkeit: Ich bin eine Frau, ich bin eine Russin, ich esse gerne Butter, was weiß ich, ich bin unsportlich, arbeite gern im Garten. Es ist falsch, wenn man sagt, übersetzen ist unmöglich. Das Übersetzen ist möglich, aber nur in bestimmten Grenzen.

Ich übersetze jetzt fünfzig Jahre, und über vierzig Jahre fand ich es unbefriedigend, dass man keine zutreffende Definition für das Übersetzen hat. Man beschränkt sich immer auf eine Metapher. Und die Metapher ist falsch. Nur schon dadurch, dass man als Vorsilbe «pere...» (wie im Russischen) oder «trans...» oder «über...» hat, bleibt man bei der Vorstellung von einem Transport von hier nach da. Puschkin nennt zum Beispiel die Übersetzer die Postpferde der Weltliteratur. Aber diese armen Postpferde können eigentlich gar nie die Fracht unversehrt herüberbringen, die ihnen aufgeladen wurde. Die erste Bedingung bei einem Transport ist ja die Unversehrtheit der Fracht. Und die ist beim Übersetzen nie gegeben. Insofern kann das Transportieren nie eine stimmige Metapher sein.

Am Freiburger Münster habe ich gelernt, dass jedes Handwerk eine Art Schutzengel hat: seinen Heiligen. Ob Schuhe nähen oder Bilder malen oder Schweine schlachten – alles Tun hat seinen Patron. Auch das Übersetzen. Ich habe meinen Patron erst vor kurzem kennengelernt. Das ist der heilige Hieronymus. Er hat im Auftrag des Papstes die drei vorhandenen Heiligen Schriften, hebräisch, griechisch, lateinisch, neu übersetzt und in der *Vulgata* vereint.

Und zum heiligen Hieronymus gehört ein Detail, ein wichtiges Detail: «im Gehäuse». Hieronymus im Gehäuse. Ich habe im Grimmschen Wörterbuch nachgeschlagen, da gibt es mehrere Spalten zum «Gehäuse». Es ist ein ganz wichtiges Wort in der deutschen Sprache. Die Vorsilbe «Ge...» ist eine Sammelvorsilbe – Gebirge, Getöse usw. Das Gehäuse ist die äußere Hülle, sie schützt, isoliert auch, aber nicht nur: Das Gehäuse ist ein abgeschlossenes und abschließendes Ganzes. Unter anderem: Uhrgehäuse, aber auch Mumie. Es ist immer dieselbe Funktion. – Im Russischen gibt es übrigens das Wort «Gehäuse» überhaupt nicht.

Der Übersetzer übersetzt immer in *seinem Gehäuse*. Man kann aus dem Gehäuse nicht raus. Ich *muss* im Gehäuse sein, sonst kann ich nichts ausrichten. Aber wenn ich etwas ausrichte, bleibe ich immer dabei. Und ich verleihe dadurch dem, was ich mache, meinen unverwechselbaren Gout. Wenn man Sinjawskij oder Dostojewskij in meiner Übersetzung liest, bin ich immer der Dritte im Bunde: Das Original – der Übersetzer – die Übersetzung. Die Übersetzung will nicht ein Doppelgänger, ein Phantom des Originals sein – das Original ist unsterblich, die Übersetzung – «gehäusebedingt» – immer sterblich.

Der Mensch ist so eingerichtet, dass er stets das Erste und das Letzte beansprucht. Er will das *Eigentliche* haben. Am besten hat es Schiller gesagt, in den *Räubern:* Alles, was dem Karl Moor geschehen ist, geschah aus *Sehnsucht* nach dem *unerreichten* Ideal. Und das ist auch der Motor des Übersetzens. Jede Generation sehnt sich instinktiv nach dem Original – weil wir Menschen sind. Keines-

wegs nur deswegen, weil die Sprachen nicht kompatibel sind. – Die
Übersetzung ist angewiesen auf das Gehäuse. Und das Gehäuse ist
immer sterblich.

Auch Goethe fand übrigens dieses ewige Jammern, dass das
Übersetzen eine unvollkommene Sache ist, dass es nicht vollkommen sein kann, entsetzlich enervierend. Denn die Frage ist offen,
warum übersetzt man dann immer weiter, und zwar seit zigtausend Jahren. Es muss doch irgendetwas daran sein, es können
doch nicht alle so blöd sein und einfach so übersetzen. Und dass
die Sprachen nicht kompatibel sind, das war schon Humboldt klar.
Daran kann's nicht liegen. Es liegt an etwas anderem, es liegt an
der Präsenz des Übersetzers. Das aber ist kein Mangel, sondern ein
Merkmal. Und das ist ein Unterschied.

Ich habe da ein wunderbares Bild von einem späten Italiener,
Antonello da Messina, ein *Hieronymus im Gehäuse*. Es hängt in der
Nationalgalerie in London. Das Hinreißende an dieser Darstellung
ist, dass das «Gehäuse» hineingestellt ist in einen Palast oder einen
Tempel. Es ist wie eine Nussschale. Er hat die Schuhe ausgezogen,
und da führen drei Stufen hinauf: Griechisch – Lateinisch – Hebräisch. Denn Hieronymus ist, wie gesagt, der Vater der *Vulgata*. Und
er ist derjenige, der den Evangelisten die Tiere beigegeben hat. Ein
unglaublich vielsagender Mann.

Um Luther herum hat es unzählige Hieronymus-Darstellungen
gegeben, Altdorfer, Dürer, Lucas Cranach der Ältere, die haben alle
den Hieronymus im Gehäuse, den Übersetzer, gemalt, weil sie von
Luther beeindruckt waren oder ihn gar kannten.

*Aber das Gehäuse ist ja etwas Starres, Festes. Und da drin sitzt ein
lebendiger Mensch –*

Das «Gehäuse» ist keineswegs eine Metapher oder ein Vergleich
für das Übersetzen. Es ist nur ein uraltes Bild für den menschlichen
Leib als Hülle der Seele. Denken Sie an die ägyptischen Mumien.
In dem Gehäuse des *Leibes* sitzt nicht der Mensch, sondern es wird

Antonello da Messina, *Der heilige Hieronymus im Gehäuse* (um 1456), The National Gallery, London.

eine Zeitlang von der Seele bewohnt. Die Kunst der Mumifizierung geht von der Vorstellung eines Gehäuses aus; der Bewohner, die Seele, kann jederzeit zurückkommen und sein Haus wohlversorgt finden. Er kann jederzeit wieder einziehen. Und es ist absurd, wenn man bedenkt, dass der Ideologe des Atheismus, Lenin, auch sein «Gehäuse» jederzeit zur Verfügung hat.

So wie zu den Evangelisten die Evangelisten-Tiere gehören, gehört zu Hieronymus das Gehäuse. Der wohnt darin. Es ist die irdische, vorgezeichnete, unabweisliche Voraussetzung des Übersetzens. Der Übersetzer übersetzt stets und nur im Rahmen seiner biografischen Gegebenheiten. Er kann nicht aus sich aussteigen. Ich kann nicht wie ein Mann übersetzen, auch wenn ich *August Vierzehn* übersetzt habe. Ich habe dieses Buch aus Trotz übersetzt, um zu beweisen, dass eine Frau ein Kriegsdokument bewältigen kann.

Dieses «Gehäuse», die Persönlichkeit des Übersetzers, ist ebenso bedeutsam wie die Inkongruenz zwischen den Sprachen. Ich übersetze und erlebe das Deutsch als Russin und bin niemals unabhängig davon. Das Bild von Messina ist ganz besonders schön, weil Hieronymus wie in einer Nussschale sitzt. Ein Fremdkörper in einem kirchenartigen Raum. So sitze ich in dem Text, den ich verinnerlichen, mir ein-verleiben muss. Das ist so. Und das ist Übersetzen. Und *dadurch* ist die Neuübersetzung von lebenswichtigen Büchern nicht nur berechtigt, sondern notwendig. Weil man diese Bücher immer wieder haben will. Die Bibel. Den *Faust*. *Verbrechen und Strafe*.

Mir ist zum Beispiel klar geworden, dass der klassische deutsche Übersetzer Heinrich Faust ist. Als die Glocken verklungen sind und die österliche Stimmung sich gelegt hat, da will er etwas tun, was auf alle Fälle rein ist, was auf alle Fälle keinen Schatten mit sich bringt. Er will den «heiligen» Text in «mein geliebtes Deutsch übertragen».

Erst mal: Er liebt etwas. Und dadurch ist er ja schon gerettet. Es ist gar nicht das Gretchen, das er liebt. Er liebt die Sprache. – Und das ist die wunderbare Brücke, die Überleitung zu der Szene im inneren Burghof im zweiten Teil: Da hört die Helena zum ersten Mal den Reim. Die Griechen kannten keinen Reim. Sie ist entzückt von dem Reim, von dem Wunder der Sprache. Und Faust bringt ihr das Reimen bei, das ist das schönste Liebesduett überhaupt, nicht nur in deutscher Sprache.

Faust überträgt das Johannesevangelium in sein geliebtes Deutsch, und die Tragödie nimmt ihren Lauf. Dabei verfährt er wie ein professioneller Übersetzer: Er will, er muss den Text verstehen und ihn nach seinem Verständnis interpretieren. Das erste Rätsel, das Wort, der Logos, wird sofort rationalisiert und schrumpft zu den empirischen Vorstellungen von Sinn und Kraft zusammen. Bei der dritten «Übersetzungsvariante» – «die Tat» – tritt Mephisto in seiner wahren Gestalt dem Übersetzer Faust gegenüber, um ihm fortan bei dem makabren Reigen der *Un*taten Beihilfe zu leisten. Es gibt keinen zweiten Übersetzer ins Deutsche mit einem so großen Wirkungsradius wie Doktor Heinrich Faust.

Das Erstaunliche ist, dass Sie ursprünglich nicht zuerst etwas aus dem Deutschen ins Russische übersetzt haben – was man erwarten würde.

Der klassische Übersetzer, ja, der hätte so angefangen.

Das kam Ihnen gar nie in den Sinn?

Am Anfang habe ich gelegentlich für das Auswärtige Amt übersetzt. Wenn sie einen anspruchsvollen Text hatten, kam ein Kurier und wartete, bis ich ihn übersetzt hatte. Aber das ist schon lange her, in diesem Haus ist es, glaube ich, kein einziges Mal gewesen.

Aber diese Entscheidung, dass Sie nicht zuerst einen deutschen Text nahmen und versuchten, ihn auf Russisch wiederzugeben, Novalis zum Beispiel, wenn Sie doch schon mit Novalis abgeschlossen haben –

Na ja, auch wenn ich Gott sei Dank nie gedacht habe, dass dies eine Möglichkeit wäre, Geld zu verdienen – aber man wünscht doch, dass das Kind ins Leben geht. Man wünscht, dass die Arbeit vervielfältigt und von vielen Menschen zur Kenntnis genommen wird. Und wen gab es hier, der Russisch lesen wollte?

Dann war es ein rein äußerlicher Grund?

Ich habe nicht überlegt, es war von vorneherein klar. Wenn da eine russische Leserschaft gewesen wäre, dann hätte ich für sie ins Russische übersetzt. Denn die Fragen, die Differenzen zwischen dem Deutsch und dem Russisch sind so oder so gegeben und müssen ernst genommen werden. – «*Byl wetscher. Nebo merklo. Wody struilis' ticho. Shuk shushshal.*» – Unübersetzbar, *un*übersetzbar. Klassischer Hauptsatz, aber «Es war Abend» ist nicht «*Byl wetscher*».

Was mich beim Übersetzen immer fasziniert: Zwischen der Ausgangssprache und der Zielsprache befindet man sich mit dem zu Übersetzenden ja offensichtlich in einem sprachlosen Zustand.

Man spricht von dem pränatalen Zustand. Es gibt aber auch den präverbalen Zustand. Eine Art gesättigter Lösung. Bis die Kristalle der Sprache ausfallen. – Ja ... Hieronymus im Gehäuse. Und es ist so interessant, dass das Russische das Wort «Gehäuse» nicht hat.

Bei welchem Text haben Sie das Gefühl gehabt, dass es jetzt endgültig oder ernst wird?

Ach Gott – Ich muss sagen, meine *Aufzeichnungen aus dem Kellerloch* und das erste *Verbrechen und Strafe*, damals noch *Schuld und Sühne*: Die junge Frau war nicht schlecht. Ich habe bis heute nicht erröten müssen. – Ich weiß es nicht. – Manches ist sogar gut. Ich bin schon dankbar, wenn man nichts findet, was einem die Farbe ins Gesicht treibt.

Aber dass Sie sich als Übersetzerin sahen, war das früh?

Ich habe mich nie als Übersetzerin gesehen. Auch heute, nach 50 Jahren, nicht. Eigentlich spreche ich darüber nicht gerne – Nein. Ich glaube, ich fühle mich einfach als mich selber. Ich lebe gern, ich atme gern. Und Übersetzen ist eine Form zu atmen.

Und die Faszination von Dostojewskij, entstand die durch das Übersetzen, oder war sie schon vorher da?

Ich habe Dostojewskij erst in deutscher Übersetzung *en masse* gelesen. Meine Eltern hatten eine große Bibliothek, aber sie hatten keine große Dostojewskij-Ausgabe. Nur einzelne Bände. Professor Bukrejew genauso. Bei Frau Technau in Günterstal stand dann der rote Piper, übersetzt von Rahsin. Und ich weiß noch genau, ich hatte das Gefühl, ich hab' die Schuhe verwechselt und den rechten Schuh am linken Fuß. Ich hatte beim Lesen ein physisches Unbehagen.

Erst während des Studiums und erst recht als ich schon selber übersetzte, wunderte ich mich, wie man ein Vorwort von Dostojewskij einfach streichen kann. Ein *Vorwort!* Und übersehen, dass dieses Vorwort eine Fiktion ist! Und das Buch mit dem Satz anfangen: «Alexej Fjodorowitsch Karamasow war der jüngste Sohn von Fjodor Pawlowitsch Karamasow» – Der Leser musste ja denken: Typisch Russisch! Bei denen ist alles anders als bei normalen Menschen. Die fangen eine Familienchronik mit dem jüngsten Sohn an.

Sie sind die einzige Übersetzerin, die ich kenne, die ein Buch zuerst wirklich verinnerlicht, bevor sie es zu übersetzen beginnt. Viele beginnen sogar, ohne zu wissen, wie es weitergeht.

Es dauert lange, bis ein Text verinnerlicht ist, für viele Übersetzer zu lange. Jeder Verleger hat seine Termine, die von vornherein nicht einzuhalten sind. An dieser Stelle muss ich mit dankbarer Anerkennung Egon Ammann erwähnen, der nicht *ein einziges* Mal in siebzehn Jahren ins Telefon gehüstelt hat. Nicht ein einziges Mal. Ein solches Verhalten hat absoluten Seltenheitswert.

Vielleicht hat der heilige Hieronymus im Gehäuse eine schützende Hand über mich gehalten und mich vor Kompromissen in meinem Berufsleben bewahrt. Denn ich habe immer gedacht, Übersetzen ist eine *Urtätigkeit*. Auch das, was zwischen uns jetzt geschieht, ist ja ein fortlaufender Übersetzungsvorgang. Es gehört zu den Grundnotwendigkeiten des menschlichen Seins, das Übersetzen.

OHN' ECHO

Gespräch mit Swetlana Geier, 28. Juli 1986

Es ist wohl eher die Ausnahme, dass jemand aus der eigenen Muttersprache in eine Fremdsprache übersetzt, wie Sie das tun –

Ja; aber wahrscheinlich ist das ganz ähnlich wie bei Leuten, die nicht in ihrer Muttersprache schreiben, Nabokov zum Beispiel oder Beckett. Auch für Canetti war eigentlich die deutsche Sprache nicht die Muttersprache. – Ich hatte Deutsch schon als kleines Mädchen in Russland gelernt. Und ich erinnere mich, dass meine Mutter Fräulein Freimann, die mich in Deutsch unterrichtete, während der Sommerferien auf unsere Datscha einlud. Sie kam mit einem Koffer voller deutscher Bücher, Sachen, die jetzt auf der nostalgischen Welle ganz oben schwimmen – also Nataly von Eschstruth und Marlitt, Courths-Mahler – lauter *wahnsinnig* tolle Sachen! Darunter muss ein Roman über den König Ludwig von Bayern gewesen sein. Denn eines Morgens wachte ich auf – ich war damals vierzehn – und hatte Herzklopfen in den Ohren: Ich hatte auf *Deutsch* geträumt! Und zwar von einem *deutschen* König! Und das muss Ludwig gewesen sein. Das werde ich nie vergessen.

Wählen Sie die Bücher, die Sie übersetzen, nach bestimmten Gesichtspunkten aus?

Ja, inzwischen schon. In den Lehrjahren hab' ich natürlich das übersetzt, wonach man mich fragte. Und ich habe unheimliches Glück gehabt. Ich bin nie in falsche Hände geraten. Es ist mir auch ganz klar, dass ich eine bestimmte Spannbreite im Deutschen habe. Ich könnte zum Beispiel niemals ein, sagen wir, *Berlin Alexanderplatz* entsprechendes Buch übersetzen. Das ist eigentlich nicht mein Wasser, da kann ich nicht drin schwimmen. Aber sozusagen die deutsche Klassik oder die deutsche Romantik und alles, was daraus hervorgewachsen ist – bis einschließlich Sinjawskij – das ist mein Element. Und wie gesagt: ich habe wahnsinniges Glück gehabt. Die Sachen sind einfach gekommen. Zum Beispiel Belyj und Sinjawskij. Ich habe sie mir ausgerechnet. Ich wusste, dass es so etwas wie *Verwandeln des Lebens* geben muss. Und eines Tages lagen mir vier Kilo Papier auf dem Schoß und es hieß, das sei ein nicht edierter, unbekannter Belyj. Und ich habe da bei mir noch gedacht, na ja, ich kann ja auch noch einen Roman von Tolstoj dazuschreiben. – Aber als ich zwei Seiten gelesen hatte, war mir sofort klar, das *ist* Belyj. Auf dieses Buch war ich vorbereitet, aber dass es gerade auf meinem Schoß landete, da konnte ich nichts dafür. Das ist wirklich ganz unverdient. – Und genauso klar war mir, dass es etwas wie Sinjawskij geben muss.

Aus welchen Prämissen haben Sie geschlossen, dass diese Bücher vorhanden sein müssen?

Es gibt ein Schema, das heißt «das Gäbelchen von Frau Geier». – Ich habe einfach die Idee gehabt und noch immer die feste Überzeugung, dass im 20. Jahrhundert der Schwerpunkt der geistigen Auseinandersetzung in Russland gelegen hat. Im ersten Viertel dieses Jahrhunderts ist in Russland die eigentliche Frage der deutschen romantischen Bewegung noch einmal aufgegriffen und diskutiert worden – mit unglaublich fruchtbarer Wirkung –, und zwar die Frage nach der realen Macht der Kunst. Und der «dumme Iwan» hat die Gedanken der Romantik von der Universalität der Kunst, von ihrer absoluten Bedeutung ganz wörtlich verstanden. Und das ist eigentlich das Programm des russischen Symbolismus. Dieser ist ein genauso strittiger und schwer abzugrenzender Begriff wie die deutsche Romantik. Es handelt sich nicht um eine Schule, sondern um eine bestimmte Art zu fragen. Es waren alles Menschen, für die auch der künstlerische Prozess als solcher von großer Bedeutung war. Es gibt dieses wunderbare Wort – für mich ein Ankerwort – von Alexander Blok, der sagt, es gibt den französischen russischen Symbolismus, und es gibt den deutschen russischen Symbolismus. Und der deutsche russische Symbolismus wächst unter der Blauen Blume.

Es ist auch da ein ganz konkretes Wissen vorhanden gewesen. Und es war mir ganz klar, warum sie alle früher oder später, längere oder kürzere Zeit mit der Anthroposophie zu tun hatten. Weil das eben ein Weg ist, der «das Geistige im Menschenwesen zum Geistigen im Weltenall» führt. Und das ist genau das, was sie wollten. Einer der Hauptbegriffe des russischen Symbolismus, *twortschestwo shisni*, «Verwandeln des Lebens», ist meiner Meinung nach eigentlich ein anthroposophischer Begriff.

Na ja, und dann wurde die Wiese gemäht, die Köpfe sind geflogen, man hat mit Stumpf und Stiel ausgerottet, was man konnte – aber so etwas, habe ich gedacht, *kann* man nicht ausrotten. Und es *muss* etwas von Belyj geben, worin dieser sehr hysterische Mensch sein Verhältnis zu Steiner noch einmal, bevor er vom Erdenplan verschwindet, ins Lot bringt. Die Chance, dass es erhalten geblieben ist, war natürlich sehr klein, wenn man bedenkt, dass es zum Beispiel kaum Manuskripte mehr gibt von Dostojewskij. Sie sind verschwunden. Da ist es also natürlich, dass bei diesem wirren Menschen, der seine Manuskripte in Berlin nur so verlor, zwischen Brandenburger Tor und Bahnhof Zoo, an jeder Ecke ein Kapitel, kaum damit zu rechnen war. – Auf der anderen Seite hatten diese Leute auch eine ganz große Wirkung gehabt. Belyj zum Beispiel hat Tausende von Vorträgen in sowjetischen Arbeiterschulen gehalten; und so etwas kann einfach nicht verschwinden. Das war meine Überzeugung. Und da habe ich auf meinem Schema immer eine punktierte Linie gemacht. Und eines Tages bekam ich den Sinjawskij. Das war für mich natürlich sehr schön.

Wie sind Sie zu ihm gekommen?

Ich habe für Zsolnay ein Buch gemacht, und dann hat mir dieser Verlag die *Stimme im Chor* geschickt. Ich habe es gelesen, und dann wusste ich: Das ist es! Und ich habe es übersetzt. Und dann hat es ein furchtbares Drama gegeben, weil der Titel sehr schwierig ist. Man kann *Golos is chora* auch mit «Eine Stimme aus dem Chor» übersetzen. Aber ich war sicher, dass es *im* Chor heißen muss, nur schon weil es eben drei Wörter sind. Dann hat der Verlag den Titel «Eine Stimme aus dem Chor» gewählt. Ich habe dagegen protestiert und eingewendet, das sei falsch, aber die Buchumschläge waren schon gedruckt. Doch ich habe mich durchgesetzt. Ich habe Sinjawskij angerufen, und der hat ein Telegramm geschickt: «Bitte stoppen!», und wenn der Autor das nicht will, dann kann der Verlag nichts machen.

War das das erste Buch, das Sie von ihm gelesen haben?

Ja. Ich habe *Pchenz* und *Ljubimow* und anderes gelesen, aber auf Deutsch. Als ich mit der *Stimme im Chor* fertig war, bin ich dann eines Tages nach Paris gefahren und habe mit ihm im Garten gefrühstückt; sein Werk war für mich Teil meiner Theorie. Und wir verstehen uns unheimlich gut, das ist sehr schön. Und inzwischen kennt er natürlich auch mein «Gäbelchen» und hält es selbstverständlich für völlig richtig. Er murmelt dann geschmeichelt irgendetwas in seinen Bart, wenn er sieht, dass er da in diesem «Gäbelchen» durch die punktierte Linie in eine so glorreiche Gesellschaft kommt. Meiner Meinung nach musste sein Puschkin- und sein Gogol-Buch sein, und eigentlich müsste noch ein Dostojewskij-Buch kommen. Dann wäre gewissermaßen sein «ideologischer» Stammbaum ganz deutlich restituiert.

Sie haben Ihr Gäbelchen bis jetzt erst fragmentarisch dargestellt –

An einer Stelle in *Stimme im Chor* fragt Sinjawskij: «Was ist Wald? Der Wald – das ist ein Meer, auf dem, welches, wohin ... Was ist Wald? Der Wald – das ist eine Stadt, woher, welche, in der ...»

Er bricht immer ab: «Was ist Wald? Der Wald – das ist ein Himmel, weshalb, mangels, als ob ...»

Und zuletzt heißt es: «Was ist Wald? Der Wald – ist der Wald.» Das ist eine wunderbare Paraphrase. Dahinter steckt auch die Frage: Was ist Kunst? Das ist etwas, was man nicht definieren kann. Es ist ein Grundbegriff, den definiert man nur durch sich selbst. Was nach einer Spielerei aussieht, entspricht eigentlich absolut der klassischen Definitionstechnik.

Sehen Sie, das ist ja meine ganz große Sorge, dass man – zum Beispiel als Verleger oder als Lehrer – findet, *der* hat ein schönes Buch, und *der* hat ein schönes Buch, und dann gibt es lauter schöne Bücher. – Und dagegen hilft sehr gut ein «Gäbelchen».

Es ist ganz einfach, man kann ja irgendeinen Gesichtspunkt wählen. Ich für meinen Teil wollte versuchen, die eigentliche Leistung oder das Hauptanliegen in der Literatur, das Allgemeine, zu finden. Und während meines Studiums ist mir ganz klar geworden, dass zum Beispiel die deutsche Literatur die Hervorbringerin des Entwicklungsromanes ist; von *Parzival* bis Thomas Mann oder was weiß ich. Das ist eine bestimmte Form der Auseinandersetzung mit der Welt, die beneidenswerterweise eine tätige ist. Ob Wilhelm Meister, der Grüne Heinrich oder der Taugenichts – sie setzen sich alle in Bewegung und bewältigen etwas, durch Schuld, durch alles Mögliche. Und wenn sie schließlich auch Steuereinnehmer werden oder Wundärzte.

Der Nenner der russischen Literatur ist für mich sehr viel allgemeiner. Man kann zum Beispiel sagen, die Literatur versteht sich als ein Fragen nach dem Stellenwert der Kunst. Ist die Kunst bloß ein Kringel, eine Windung mehr in einem Ammonitenhorn – oder ist sie etwas essenziell Wichtiges? Und wer ist eigentlich der Dichter?

Und auf dem menschlichen Gebiet ist im Zusammenhang mit dieser Frage der Typus des «überflüssigen Menschen» entstanden, russisch: *lischnij tschelowek,*. Es handelt sich also um einen negativen Helden, der nicht zu einer tätigen Auseinandersetzung mit der Welt aufbricht, sondern im Extremfall auf ein Sofa zurückfällt; der nur fähig ist zu reagieren, auch wenn er noch so sehr wie ein Agierender aussieht. Das ist von Puschkin bis *Doktor Schiwago* ganz eindeutig. Oder bis zum *Klein Zores*.

Alle Ansätze, aber immer auch die Antithesen, sind im Werk Puschkins enthalten. So wie mit der Bibel kann man mit Puschkin in der Hand jeden Standpunkt erhärten und alles beweisen – auch das, was ich meine. Puschkin, der 1837 starb, war ein Zeitgenosse von Gogol und auch dessen Lehrer. Und Gogol wiederholt alles, was Puschkin gemacht hat, ausgenommen die Antithesen. Er fragt genauso wie Puschkin, was ist ein Echo? Was ist die Kunst? Aber er engt die Frage sofort ein. Er fragt nach der *Berechtigung* der Kunst, nicht nur nach ihrem Sein. Und die Kunst ist für ihn nur dann berechtigt, wenn sie christlich ist. Nun war aber Gogol ehrlich genug, um zu wissen, dass er zwar glauben wollte, dass er aber dazu nicht in der Lage war, dass er eigentlich ein ungläubiger Mensch ist – bigott, aber nicht gläubig. Und er machte die grauenhaftesten Sachen, er fuhr nach Jerusalem, und er fastete, und er betete, und er setzte sich einen orthodoxen Guru in den Pelz – und es nützte alles nichts. Was nützte, war einzig ein Autodafé: Er verbrannte zweimal *Die toten Seelen*.

Ja, und von Gogol aus gabelt sich der Weg. Er führt einerseits zu Dostojewskij, andererseits zu Tolstoj, die Zeitgenossen waren, sich aber persönlich nicht gekannt hatten. Sie waren nachgewiesenermaßen zusammen in einem Vortrag von Solowjow, wollten sich aber nicht kennenlernen. Das finde ich so unglaublich. Und der eine fragt überhaupt nicht nach dem Sinn der Kunst, sondern es geht ihm um die Wirkung. Und die wird gar nicht in Frage gestellt, sondern als die größte angesehen. Das ist Dostojewskij. Er stellt ja überhaupt gar keine ästhetischen Reflexionen an, sondern ist einfach von der Macht der Kunst wie von der Macht des Eros überzeugt. Und auf der anderen Seite Tolstoj, der eigentlich nur über die Berechtigung des eigenen Daseins nachdachte und sehr gerne anders geschrieben hätte, wenn er gekonnt hätte. Aber glücklicherweise konnte er nicht anders schreiben. Und das hat ihn zu ungeheurem Selbsthass und einer dauernden Selbstvernichtung getrieben. Deshalb hat er auch die höchsten Inkarnationen der Kunst bis aufs Blut gehasst. Shakespeare war für ihn der größte Schaden der Menschheit überhaupt. Es gibt da eine hübsche Erzählung von Tschechow. Tschechow war sehr krank. Zur Erholung fuhr er in sein Häuschen auf der Krim. Und Tolstoj, ebenfalls zur Erholung in Jalta, wünschte, Tschechow zu sehen. Die beiden unterhielten sich ausgezeichnet und verstanden sich wunderbar. Als Tschechow gehen wollte und schon bei der Tür war, rief ihn Tolstoj nochmals zurück. Er ging also nochmals zurück. Und Tolstoj sagte: «Ans Bett!» Und er stellte sich ans Bett. «Bücken Sie sich!» Tschechow bückte sich. «Noch näher!» Da beugt er sich ganz zu seinem Mund und diesem mächtigen Bart hinunter, und da sagt ihm Tolstoj ins Ohr: «Aber Ihre Dramen sind noch schlechter als die von Shakespeare.» –

Bei Tolstoj ist eben die Kunst eine funktionale Größe und nur dann berechtigt, wenn sie der Wahrheit dient. In das Gebiet der Wahrheit gehört auch das Christentum, aber ein rationales Christentum, ein Christentum ohne Auferstehung. Und wenn die Kunst nicht der Wahrheit dient, ist sie zu eliminieren. Denn es ist eine gefährliche, desavouierende und demontierende Macht – die Poesie wie die Musik.

Und von da aus läuft es nun *so*, wie wenn man es sich zurechtgelegt hätte. Denn von Dostojewskij an beginnt die ganze nichtrealistische Kunstrichtung in der Literatur. Zum Beispiel auch der russische Symbolismus. Zurückblickend leiten sich die alle von Puschkin her, und zwar ganz bewusst. – Auf der andern Seite stehen alle Kunstrichtungen, die eine Größe über sich selbst anerkennen oder sich einer solchen unterstellen. Ob das nun das Christentum ist oder die Wahrheit oder eine soziale Aufgabe oder das soziale Gewissen oder der sozialistische Realismus oder was auch immer: Stets ist die Kunst abhängig und stellt sich in den Dienst einer Sache. Da gehört auch Solshenizyn jetzt dazu.

Und so wie 1832, also Goethes Tod, den Beginn einer neuen Epoche in Deutschland bedeutete, so ist der Tod von Alexander Blok 1921 auch das Ende einer Epoche und der Beginn der Neuzeit. Und das ist auch der Beginn des sozialistischen Realismus. Von da an hört eigentlich, mit wenigen Ausnahmen, das experimentelle Moment, das Suchen nach einem Weg überhaupt auf, weil der Weg immer deutlicher Vorschrift geworden ist. Da erscheint in meinem Gäbelchen auf der andern Seite die punktierte Linie.

Wie würden Sie die besondere Fragestellung bei den Symbolisten umschreiben?

Das steht alles in Belyjs *Im Zeichen der Morgenröte*. Das Besondere am russischen Symbolismus, das, was hier – im Vergleich etwa zu den *Athenaeums-Fragmenten* von Schlegel, an denen man das programmatische Gerüst der Romantik am besten ablesen kann – was also innerhalb der Totalität und Universalität der Poesie oder der Kunst im Allgemeinen besonders stark hervorgehoben wurde, war der soziale Aspekt: Die Kunst sowohl als sozialer Prozess wie auch als das eigentliche Mittel, das menschliche Bewusstsein für eine soziale Existenz einzurichten. Es hat natürlich gelegentlich auch komische und groteske Formen angenommen, das sieht man auch bei Belyj in seinem Buch oder in den philosophischen Fragmenten und künstlerischen Entwürfen von Prokofjew: Wie die Russen eben zum Buchstäblichen neigen, so versteht er die Totalität der Kunst als eine musikalische Aufführung auf dem ganzen Erdball. Die ganze Erde, die Gezeiten und der Himmel und alles ist in dieses Kunstwerk eingeflochten, und die Aufführung einer solchen kosmischen Symphonie kommt also einem Endzeitlichen oder einem Anbruch der neuen Zeit gleich.

Doch dass Kunst etwas mit der menschlichen Gemeinschaft zu tun hat, das war ja auch in der Romantik ganz klar. Und wenn man von Universalität und Totalität spricht, dann ist das eben wirklich *alles*; also auch die Art der Menschen, miteinander zu sein, und der

Schlüssel, nach dem die Güter verteilt werden oder was auch immer; eigentlich müsste alles dazugehören. Und bei den Russen ist das nun ganz besonders deutlich herausgekommen.

Ich würde nun gerne etwas von Ihrem persönlichen Lebensweg hören. Ein bedeutender Teil der russischen Literatur ist im Deutschen in Ihrer Sprache zugänglich. Und es ist doch immer wieder ein erstaunliches Phänomen, dass man irgendwo in einem zunächst scheinbar ganz privaten, kleinen, unbekannten Kreis als Kind heranwächst, um dann eines Tages plötzlich öffentlich-gesellschaftliche Bedeutung zu haben. Wie sind Sie zu Ihrer Aufgabe gekommen?

Wie die Jungfrau zum Kind. – Als kleines Mädchen wusste ich eigentlich schon, dass ich auf irgendeine Weise bei den Sprachen enden würde. Und als ich dann hier in Freiburg meine Familie und die Kinder hatte, habe ich halt einfach so dahingelebt und war sehr glücklich. Aber dann fing mich an zu interessieren, was geschieht, wenn man aus einer Sprache in die andere überträgt. Ich habe nie daran gedacht, das irgendwie beruflich zu tun. Durch einen Zufall ist in unserem Gepäck eine russische symbolistische Zeitschrift mitgekommen. Und ich habe angefangen, eine Erzählung daraus zu übersetzen, aber nur für mich. Mich interessierte, wie gesagt, was geschieht, wenn man aus einem Gefäß in ein anderes umschüttet und, eigentlich von Anfang an, was dabei verloren geht. Ein Freund tippte mir den Text ab, da ich noch keine Schreibmaschine besaß. Und eines Tages kriegte ich eine Postkarte: «Liebe Frau Geier, ich muss Sie dringend sprechen, bitte seien Sie am Donnerstag um 14 Uhr am Bahnhof auf dem Bahnsteig 1, beim linken Ausgang.» Mein Mann regte sich auf und sagte: «Das kommt überhaupt nicht in Frage! Wie kann man eine verheiratete Frau auf den Bahnhof bestellen?! Du gehst mir da nicht hin!» Ich weiß gar nicht, ob ich etwas geantwortet habe, aber ich bin hingegangen, weil ich ganz überzeugt war: Wenn dieser Mann mir das schreibt, dann muss ich gehen. Und dann sagte er mir, dass die Reihe Rowohlts Klassiker gegründet worden sei, und er habe den Herausgeber, Ernesto Grassi, getroffen und ihm von meiner Übersetzung erzählt, und der Grassi hätte sie schon nach München mitgenommen, und den Vertrag würde ich erhalten. Das war *Judas Ischariot* von Andrejew. Das war das Erste. Und dann ergab sich eins nach dem andern.

Sie sind 1923 in Kiew geboren. Wie lange haben Sie dort gelebt?

Bis zum Schulabschluss. Bis ich 20 war. – Lang. – Ich wollte studieren und habe in Kiew die Fakultät für Westeuropäische Sprachen und Literatur belegt. Weil ich ein «Goldenes Zeugnis» hatte, brauchte ich keine Aufnahmeprüfung zu machen und durfte studieren, was ich wollte. Das konnte man schon damals sonst nicht. Und in unserem Haus wohnte über uns ein Mathematiker mit seiner Familie, Bukrejew. Auch sein Sohn und sein Enkel waren Mathematiker. Und seine Tochter, Tatjana Borisowna, war Leiterin der Universitätsbibliothek. Diese Leute hatten unglaublich viele Bücher, alle Zimmer waren von oben bis unten voll. Und weil Bukrejew in Deutschland studiert hatte, stand die ganze deutsche Literatur in seinem Arbeitszimmer. Und ich habe in jedem Zimmer links unten vorne angefangen und mich so rings herum durch die Zimmer von unten bis oben durchgelesen. Wenn ich mit einem Zimmer fertig war, bin ich zum nächsten gegangen.

Dieser Mathematiker war ein bildschöner und unheimlich origineller Mensch. Er sprach kaum mit seinen Familienmitgliedern, und er musste von der ganzen Familie gesiezt werden, und auch er siezte seine ganze Familie. Eines Tages verlangte dieser Boris Nikolajewitsch, dass er von unserer gemeinsamen Hausschneiderin eine Unterhose genäht bekomme, mit irgendwelchen genau berechneten Kurven. Und als die Schneiderin ihm diese Unterhose genäht hatte, erschien er zu einer nicht gewöhnlichen Stunde im Zimmer seiner Frau und sagte: «Jekaterina Wassiljewna, ich möchte, dass mir diese Unterhose anprobiert wird.» Da sagte seine Frau: «Aber Boris Nikolajewitsch, die Schneiderin kann das doch nicht machen.»

Da sagte er: «Ja, warum kann sie das nicht machen?» Sagt sie: «Aber sie ist doch eine Frau!» Sagt er: «Aber ich bin doch kein Mann!»

Eines Tages hatte ich also auch sein Zimmer nach diesem Prinzip durchgelesen, und da blieb nur noch Tatjana Borisownas Zimmer. Da stand ein Regal mit gar nicht so vielen Büchern, sie sahen aus wie Notenhefte. Sie waren alle in Papier eingeschlagen und zum Teil nur mit Schreibmaschine geschrieben und hektographiert. Ich las darin ein wenig, verstand aber überhaupt nicht, wovon die Rede war, obwohl sie in Russisch geschrieben waren. Diese Tatjana Borisowna hatte noch eine Eigenart. Jeden Freitag kam zu ihr ein Mann, den nannten wir Kinder «Heupferdchen». Und nach Möglichkeit saßen wir alle, also die Kinder aus unserem und aus dem Haus gegenüber, hinter dem gusseisernen Zaun im Vorgarten und warteten, bis der *Kusnjetschik*, das Heupferdchen, kam. Er fiel nämlich auf. Er trug hohe Stiefel, einen schwarzen wehenden Mantel und immer ein Schlüppchen. Er war der einzige Mann in Kiew, der so etwas trug. Als dann die Säuberungen begannen, verschwand er, kam nicht wieder.

Erst als ich viele Jahre später einmal nach Dornach abgeschleppt wurde – ich musste mir die Mysteriendramen ansehen – verstand ich, was das für eine Verkleidung gewesen war und auch, was das für Bücher waren.

Wie sind Sie nach Deutschland gekommen?

Im Krieg. – Wir gingen mit den Deutschen zurück. Denn wer in der deutschen Besatzungszone geblieben war, der konnte danach, als die Russen wieder vorrückten, nicht mehr bleiben. Ich dolmetschte für eine deutsche Firma, die im Auftrag der Reichsbahn arbeitete. Die hatte also genug rollendes Gut. Und auf so einem rollenden Gut sind wir elf Tage unterwegs gewesen. Mit einem Hund. Erst waren wir in Dortmund bei der Firma, bei der ich gearbeitet hatte. Wir haben sehr Schlimmes erlebt, aber wie durch den Schutzengel, jedenfalls ohne unser Zutun, hat sich alles gewendet. Ich konnte in Berlin eine Begabtenprüfung machen und bekam das Alexander-von-Humboldt-Stipendium. Und dann hat mir jemand, der meinen Fall bearbeitete, geraten, nach Freiburg zu gehen, weil das eine möglichst weit westlich gelegene Universität war. Als ich hier anfing, Germanistik zu studieren, brauchte ich eigentlich nichts mehr zu lesen.

Sie sind seither nie mehr in Russland gewesen?

Nein. – Die Leute fragen ja immer wieder, haben Sie nicht Heimweh? Ich geniere mich entsetzlich – aber ich habe kein Heimweh. Das ist sicherlich ein moralisches Manko. Ich weiß immer, dass ich nicht *ganz* da bin, also, dass ich wo bin. Verstehen Sie? Ich gehe nicht ganz in meiner Umgebung auf. Ich weiß fast immer, dass ich wo bin.

Mein Vater war ein wahnsinniger Pedant, ein un-glaub-licher Pedant! Er besaß einen gesteigerten Ordnungssinn ohne jedes ästhetische Bedürfnis: Es musste überhaupt nicht schön sein, aber dauerhaft, in geraden Winkeln und geölt oder geputzt oder gewachst, einfach unglaublich gepflegt. Das kam auch durch seinen Beruf, er war Agrarwissenschaftler in einem Forschungsinstitut. Und so ganz an ihm vorbei bin ich ja vielleicht doch nicht gekommen. – Also die ganzen Bequemlichkeiten des Lebens, das Pünktliche, das Zuverlässige, das Reibungslose: Ich muss gestehen, das fiel mir entsetzlich schwer.

Und es gibt viele Sachen, an die ich mich nie mehr gewöhnen werde. Alles zum Beispiel, was mit dem Einteilen zusammenhängt. Der Umgang mit Geld. Ich hatte lange Zeit Minderwertigkeitskomplexe, weil ich dachte, ich sei psychisch nicht in Ordnung. Es ist bei mir in dieser Beziehung vollkommen anders, als es sonst bei den Menschen hier ist. Aber auch der Umgang mit Menschen, die Atmosphäre im Hörsaal – ich weiß, das ist anders. Aber ich weiß auch ganz genau, dass ich hier sein muss, weil ich sehr vieles hier finde, was mich allein zum Menschen machen kann. In jeder Sekunde ist mir bewusst, dass es bei den meisten Menschen hier etwas vollkommen anderes ist. Aber es ist genau das, was ich brauche.

Wenn man Ihre Übersetzungen anschaut, hat man das Gefühl, Sie bevorzugten vor allem umfangreiche und komplizierte Texte. Wie bewältigen Sie diese Arbeit überhaupt neben der Universität, wie sieht die Übersetzerarbeit konkret aus?

Zuerst bekomme ich ein Buch, und das lese ich durch. Und dann möchte ich es haben, oder ich möchte es nicht haben. Und wenn ich ja sage, möchte ich mich aber auch zeitlich nicht festlegen. Und dann liegt es, und es bedrückt mich. Irgendwann muss ich dann doch drangehen. Dann nehme ich es in die Hand – und das ist eigentlich ein stereotyper Vorgang, aber man kann nichts dafür – und weiß ganz genau: Das ist unmöglich! Das kann ich nicht! Doch dann lese ich es immer wieder, von vorn nach hinten, von hinten nach vorn, dreh es auf den Kopf und lese es in Spiegelschrift – aber es wird nicht besser. Und dann gibt es einen Moment, da plötzlich weiß man etwas. Es ist, wie wenn man eine Bluse anzieht und zuerst nicht in die Ärmel kommt. Doch das Gefühl bleibt: *Ich kann's nicht* – und dann räum' ich den Keller auf. Oder ich nähe die Knöpfe an den Bettbezügen an. Ich tu also etwas ganz Widernatürliches. Küchenschrank aufräumen ist auch sehr gut. – Aber dann muss ich es doch tun. Inzwischen weiß ich das Buch jedoch auswendig. Ich muss es eigentlich immer zuerst auswendig lernen. Schließlich bereite ich die ersten zehn Seiten vor, rufe eine Freundin an, der ich diktiere, und bestelle sie auf den andern Morgen. Und dann wünsche ich, die Straßenbahn entgleise oder sie kriege das Zipperlein oder irgendetwas und sie kommt nicht. Aber dann kommt die Hanna mit drei Brötchen und guter Laune und freut sich. Und wir trinken erst mal Tee, und ich sag', ach, noch eine Tasse. Nein, sagt sie, die Tasse nehmen wir mit. Und dann fange ich endlich an zu diktieren. Und wenn ich diktiere, dann heißt es oft «Schrägstrich», darauf folgt eine Variante. Manchmal sind es vier, fünf Varianten.

Danach bleibt das liegen, vier Wochen, fünf Wochen. Und dann kommt ein alter Freund, Herr Klodt, und liest mir es vor. Er hat den Durchschlag, und ich habe das Original, mit doppeltem Zeilenabstand, und korrigiere mit verschiedenen Farbstiften – einem roten, einem grauen, einem schwarzen und einem blauen, die ihre genaue Bedeutung haben. Es ist wahnsinnig wichtig, dass er es mir vorliest. Das kann ich ihm in mehreren Erdenleben nicht gutmachen, dass er mir das vorliest. Das sind natürlich so großartige Arbeitsbedingungen, wie sie kaum jemand hat. Zuletzt wird das abgetippt, und wenn ich das Manuskript zurückbekomme, dann gehört es nicht mehr mir.

Jedes Buch verlangt aber sehr viele Nebenstudien. Das ist furchtbar wichtig. Man muss sich das Gebiet, die Sprache, gewissermaßen den Jargon eines jeden Buches aneignen. Bei *August Vierzehn* etwa musste ich den Umgang mit Generalstabskarten und die Tatsache lernen, dass zum Beispiel ein Mannschaftsgrad in der kaiserlichen Armee Beinknöpfe an der Unterwäsche hatte, die Offiziere dagegen Perlmutterknöpfe. Das muss man alles wissen. Und das ist zum Beispiel bei Sinjawskij sehr, sehr schwierig, weil er ein sehr gebildeter Mann ist. Er geht mit unglaublichem Volumen an Kenntnissen um, und es ist nicht immer deutlich, worauf er anspielt. In *Gute Nacht* beschreibt er zum Beispiel einen assyrisch-babylonischen Fries. Ich habe, nachdem ich die Stelle übersetzt hatte, eine Abbildung dieses Frieses gesucht und sie mit meiner Übersetzung verglichen. Ich musste es wirklich zuerst sehen. Und es wäre sinnlos gewesen, Sinjawskij danach zu fragen.

Man macht sich als Leser kaum je klar, dass zur Übersetzung eines jeden Buches immer wieder ein solches neues Hintergrund-Studium erforderlich ist, aber meist auch eine neue Sprache, ein neuer Wortschatz.

Ja, ganz sicher. Der Autor braucht eben nicht zu wissen, was er macht. Er darf es vielleicht gar nicht. Aber als Übersetzerin muss man es ganz genau wissen. Übersetzen ist eben eine Arbeit, die sehr viele Stufen umfasst.

Da schließt sich noch ein anderes Problem an, nämlich dass die Rolle des Übersetzers gar nicht gewürdigt wird. In der Verlagskalkulation gibt es für Autorenhonorar und alles einen Platz, aber der Übersetzer existiert da überhaupt nicht. Und es ist ein sehr großes Problem, mit dem auch wir kämpfen, dass die Übersetzerarbeit von den Verlagen, und meistens gerade von den kleinen Verlagen, nicht richtig finanziert werden kann.

Von den großen noch weniger. Ich habe es schon erlebt, dass von einem sehr großen Verlag um eine Mark mehr oder weniger pro Seite gefeilscht wurde. Tarife gibt es nicht, das geht immer noch wie in der freien Marktwirtschaft nach Angebot und Nachfrage. – Aber ich muss sagen, dass ich selbst diesbezüglich mehr Glück als Verstand gehabt habe. Und weil mir sozusagen der Kultusminister Miete, Strom, Wasser und Essen zahlt, bin ich nicht auf das Übersetzen angewiesen. Deswegen kann ich überhaupt nicht als typisch für diesen Beruf gelten. Aber Sie haben natürlich recht, es ist im Grunde ein sehr verkannter Beruf, und ich wünschte, dass es meinen Kollegen allen sehr viel besser ginge. Aber es liegt dies alles auch in der Natur der Sache. Den besten Ruf hat eine Frau, wenn sie gar keinen hat. Die beste Übersetzung ist die, die man nicht wahrnimmt. Sie muss leben, einen Pulsschlag haben, und man darf nicht stolpern. Wie soll ich auf meine Leistung pochen? Die Leistung besteht darin, dass man sie nicht wahrnimmt.

Eine schlechte Übersetzung nimmt man sofort wahr: als störend, ohne Spannkraft. Wenn man es dagegen als deutsche Literatur lesen kann –

Ja, eben! Das meine ich! Verstehen Sie, das ist auch das Besondere dieses Berufes, dass man nicht auffallen darf.

Eine Ihrer Spezialitäten scheint jeweils auch der ausführliche Anmerkungsapparat zu sein. Da scheint die Genauigkeit Ihres Vaters durchzuschlagen.

Ja – das ist auch der einzige Punkt, finde ich, bei dem die Eitelkeit des Übersetzers erlaubt ist. Das ist sicherlich so etwas wie italienische Schuhe, das darf sein. – Bei der Märchensammlung von Afanasjew bestand zum Beispiel die größte Arbeit darin, sich zu zügeln und nicht eine angeblich lebendigere oder abwechslungsreichere Form einfließen zu lassen – das geht ja von alleine –, sondern in diesem archaisch-monotonen Tonfall zu bleiben. Das war eine Schwierigkeit, mit der ich gar nie gerechnet habe, und von der ich überhaupt nicht vermutet habe, dass es so etwas gibt.

Was ist es, das Sie am Russischen interessiert, das Sie durch Ihre Arbeit zu vermitteln suchen?

Also, wenn ich ganz ehrlich bin, weiß ich nichts von einem Auftrag. Was mich am Übersetzen von Anfang an interessiert hat, ist der Transportverlust. Mich interessierte, was verloren geht. Und das ist eine ganz allgemeine Frage. Und da ist es natürlich ein Vorteil, dass ich unterrichte und seit über zwanzig Jahren einen Übersetzungskurs gebe. Denn da muss ich mir die Sachen immer wieder klarmachen. Und es hat sich an vielen Beispielen erhärtet, dass das Übersetzen ein ganz allgemeiner Vorgang ist, zumindest in einer Sprachgruppe. Ob es nun ein Engländer ist, ein Franzose, ein Italiener oder ein Russe – immer ist es sozusagen eine Gleichung mit zwei Unbekannten, die es zu lösen gilt. Es sind dieselben Regeln, die dabei zu beachten sind. Das Allgemeine ist immer das Gleiche. Das ist das eine. Und auf der andern Seite natürlich: das Übersetzen als notwendige Stufe oder notwendiger Prozess bei einem Bewusstwerden überhaupt.

Ich finde zum Beispiel, bei Steiner kann man ganz deutlich sehen, dass das, was er tut, eigentlich ein Über-Setzen ist. Sein für mich oft sehr schwer verdaulicher Stil hängt ganz sicherlich damit zusammen, dass er wie ich sozusagen vom Blatt diktiert. Er hat nur nicht die Möglichkeit, sich in Ruhe darauf vorzubereiten. Ich kann mich ja vorbereiten. Er steht da, und er beginnt, und er kann es nicht ändern, er kann es auch nicht überarbeiten. Was bei ihm herauskommt, ist gewissermaßen ein Rohling. Und es ist ganz deutlich, dass er auch gewisse Typen oder Muster hat, die sich immer wieder unwillkürlich einstellen, vermutlich da, wo es eine geringste Ritze gibt in dem Fluss. Schon schießt so eine syntaktische Schablone herein.

Von daher gesehen, haben die eigentlichen Sünden beim Übersetzen nicht mit ungenügender Sprachkenntnis oder mit der Schwierigkeit des betreffenden Textes oder was auch immer zu tun, sondern sie liegen an der Unvollkommenheit des Bewusstseins und an den Trägheitsgesetzen, die sich darin behaupten. Man muss einfach immer dabei sein; mehr ist gar nicht nötig.

Es gibt so unglaublich viele Vorgänge oder Bewegungen, die nur aus dem Trägheitsgesetz heraus erfolgen. Sehen Sie, ungefähr ab Seite 20 ist *Wie erlangt man Erkenntnisse der höheren Welten?* ein unmögliches Buch. Steiner sagt da nämlich, eine der elementarsten Voraussetzungen bestehe darin, nicht immer, wenn jemand etwas sagt, zu denken: Ja, ja – aber ... – Machen Sie das mal! Und es ist gar nicht, weil ein Mensch, der so denkt, speziell böse oder unbegabt wäre – es ist einfach ein ganz elementares Gesetz. Man ist da seiner nicht mächtig. Ja, ja – aber ... Nicht? Und genau dasselbe, also dieses «Ja, ja – aber ...», darf unter anderem auch beim Übersetzen nicht vorkommen. Das meine ich mit dem Bei-der-Sache-Sein.

Es ist ja auch ein großer Widersinn, ähnlich wie bei mittelalterlichen Kathedralen. Unter Lebensgefahr meißeln die da noch irgendwo eine Blume ins Dunkel hinein, von hinten, von unten – garantiert wird kein Mensch das je sehen. Aber sie bringen da irgendetwas an. Und da sitze ich manchmal über den Korrekturen, und ich kriege ein Hühnerauge übers andere auf dem Po und komme nicht weiter. Und ich denke: Ich bin wahnsinnig! Ich bin wahnsinnig! Ich bin ganz sicher, außer mir und Herrn Klodt, der diesen Geburtsvorgang manchmal mitmacht, wird es *kein* Mensch je merken, ob ich nun noch eine Stunde länger über sieben Wörtern sitze, die noch nicht stimmen. Es spielt überhaupt keine Rolle. – Aber es geht nicht anders. Und die große Gunst des Schicksals ist, dass ich es mir leisten kann.

Wie lange arbeiten Sie täglich?

Ach, wie Gott schickt! – Oh, ich arbeite viel. Ich habe ja auch die Uni, das sind zehn Stunden in der Woche, und meistens wird es mehr. Und einen Tag bin ich in Karlsruhe, da habe ich seit 26 Jahren einen Lehrauftrag, das sind nochmals sechs Stunden.

Aber ich diktiere jeden Vormittag; und jeden Donnerstag und jeden Sonntag wird Korrektur gelesen. – Und es ist schön, weil so vieles nebeneinander hergeht. Ich übersetze, und dann muss ich Wäsche waschen, und dann muss ich einen Kuchen backen, und dann sind die Kinder da, es ist immer etwas anderes, und kaum ein Tag, an dem nicht Gäste kommen – ich glaube nicht, dass ein Mann das ertragen könnte. Deshalb bin ich Frau Hagen, der ich diktiere, so dankbar. Sie kommt und schleppt mich an die Maschine.

Im Grunde aber, sehen Sie, bin ich gar nicht dafür, dass man mit den Übersetzern viel Aufhebens macht, weil mir dann immer einfällt, dass Übersetzen etwas ist, das eigentlich gar nicht geht.

Tarkowskij hat ja den extremen Standpunkt vertreten, man würde besser tun, Dostojewskij zum Beispiel überhaupt nicht zu lesen als in Übersetzung.

Er kennt meine Übersetzungen nicht! ... Nein, etwas ist doch möglich. Aber es gibt Grenzen. Es gibt Grenzen, wo nur eine unendliche Annäherung möglich ist. In der Lyrik etwa, die ganz besonders auf individuelle Wahrnehmung angewiesen ist und viel stärker mit

Assoziationsmänteln arbeitet, während Prosa allgemeiner ist. – Ich werde Ihnen jetzt zum Schluss ein Gedicht von Puschkin vorlesen, das absolut unübersetzbar ist:

> Близ мест, где царствует Венеция златая,
> Один, ночной гребец, гондолой управляя,
> При свете Веспера по взморию плывет,
> Ринальда, Годфреда, Эрминию поет.
> Он любит песнь свою, поет он для забавы,
> Без дальных умыслов; не ведает ни славы,
> Ни страха, ни надежди, и, тихой музы полн,
> Умеет услаждать свой путь над бездной волн.
> На море жизненном, где бури так жестоко
> Преследуют во мгле мой парус одинокой,
> Как он, без отзыва утешно я пою
> И тайные стихи обдумывать люблю.

Das hat er 1819 geschrieben und als eine Übersetzung von André Chénier ausgegeben, was es aber gar nicht ist. Das Gedicht stammt von ihm und handelt von Venedig. Er ist nie in Venedig, überhaupt nie im Ausland gewesen. Ich versuche, es einigermaßen wiederzugeben:

> Dort, wo das goldene Venetien herrscht
> Allein, ein nächtlicher Ruderer, seine Gondel lenkend
> Beim Schein der Venus über die Gewässer schwimmt
> Und singt Renalda, Gottfried und Erminien.
> Er liebt sein Lied, er singt zum reinen Spaß
> Ohn' ferne Absicht; er kennt nicht Ruhm,
> Nicht Angst, nicht Hoffnung, und voll der stillen Muse
> Versteht er, seinen Weg über den Abgrund der Wellen zu
> versüßen.
> Auf dem Lebensmeere, wo die Stürme so grausam
> Im Dunkeln mein einsames Segel verfolgen,

> Sing ich wie er ohn' Echo freudig vor mich hin
> Und liebe es, geheime Verse auszudenken.

Das Meer, das goldene Venetien, die Gondel, die Venus und *Das befreite Jerusalem* – denn Renaldo, Gottfried und Erminien sind Figuren von Torquato Tasso –: Kulisse. Gold, Abendstern, Meer und – die Kunst. Ich finde das so wahnsinnig toll – und da hört sofort jeder Naturalismus auf –, dass dieser Gondoliere nicht *O sole mio* singt, sondern einen Text. Er singt ein Gedicht. «Er liebt sein Lied. Er singt zum reinen Spaß. Ohn' ferne Absicht» – ganz nach dem «Gäbelchen» von Frau Geier. «Er kennt nicht Ruhm, nicht Angst, nicht Hoffnung; und voll der stillen Muse, vermag er zu versüßen seinen Weg.»

Es gibt hier eine negative und eine positive Definition. Die negative ist alles, was er nicht liebt. Die positive Definition ist das Lieben seines Liedes und das Versüßen. Das ist der Sinn, das ist die Poesie. Nicht Willkür, sondern Form. Also wirklich nicht *Sole Mio*, sondern ein Text, ein Gemachtes, aber in der Natur.

Und dann der Umschlag. Zweimal vier Zeilen, die dem Gondoliere gewidmet sind und zum Schluss vier Zeilen für das poetische Ich, für den Dichter selbst. Auch hier ganz strenge Form: dreimal vier, insgesamt zwölf, acht für ihn, vier für mich.

«Auf dem Lebensmeere, wo die Stürme so grausam mein einsames Segel verfolgen, sing ich wie er vor mich hin, *bjes otsywa*, ohn' Echo» – er ist darauf gar nicht angewiesen, dass ihm irgendjemand einen sozialen oder was auch immer für einen Auftrag erteilt. Er singt, weil er singt. Was ist der Wald? Wald ist Wald – «und geheime Verse auszudenken liebe.» Was den Gondoliere mit dem poetischen Ich verbindet, ist ein Verb. Der Gondoliere *liebt* sein Lied. Das ist eigentlich die erste positive Bestimmung. Und das letzte, das letzte Wort in der letzten Zeile, was sich auf den Sprecher bezieht, ist *ljublju* – ich liebe. Er liebt sein Lied und ich … die geheimen Verse zu bedenken liebe. Formal, klanglich und inhaltlich ist das eigentlich der gemeinsame Nenner: das Verhältnis zur Poesie.

Hier hört alles Reden über das Übersetzen auf. – Ich habe vorher nie dieses Gedicht in seiner Zuständigkeit für meine Probleme verstanden, jetzt erst, nach einer Übung zu Puschkins Lyrik. Da ist alles darin enthalten. Schon Puschkin hat's gewusst. Und wenn man bedenkt – entscheidend ist nur die Süße. Der schöne Schein.

DOSTOJEWSKIJ BEIM WORT GENOMMEN

Gespräch mit Swetlana Geier, 11. August 1993

Frau Geier, es gibt bereits unzählige Dostojewskij-Übersetzungen; warum erscheint nun noch eine weitere?

Bis vor vier Jahren gab es 20 verschiedene Übersetzungen von *Verbrechen und Strafe*, darunter auch meine eigene von 1964. Dostojewskij ist eben ein Beispiel dafür, dass Übersetzungen sterblich sind und jede Lesegeneration eine eigene Übersetzung braucht.

Zum ersten Mal wurde dieser Roman von Henckel 1882 übersetzt; die erste Piper-Ausgabe von einem nicht genannten Übersetzer erschien 1908 und erfreut sich in unseren Tagen als Rahsin-Übersetzung immer noch großer Beliebtheit. Potente und wohlmeinende Übersetzer sind lange dem allgemeinen Urteil gefolgt, Dostojewskij sei zwar ein großer Psychologe, Kriminologe, Religionslehrer, der Sprecher aller Erniedrigten und Beleidigten, aber ein hastiger und nachlässiger Stilist. Und es war durchaus verständlich, dass seine künstlerische Handschrift dem Geschmack der Zeit – und dieser Geschmack herrschte bis in die zwanziger Jahre – angepasst wurde. Und viele Übersetzungen haben darunter gelitten, dass sie dem Autor «geholfen» haben.

Es ist sehr fatal, aber eine Übersetzung kann im Wesentlichen nicht verbessert werden. Denn bei einer Übersetzung geht es doch nicht um einzelne ungeschickt oder auch fehlerhaft eingesetzte Worte, sondern um das *Ganze*. Das *Ganze*, kursiv geschrieben, wird von Novalis als der Maßstab für die Gültigkeit einer Übersetzung angesehen. Es geht um das Ganze, das heißt, um eine unvermeidliche Auslegung. Wenn ein Übersetzer sich berufen fühlt, in lauterster Absicht zum Beispiel das Vorwort zu den *Brüdern Karamasow* wegzulassen, weil er dieses Vorwort als ein nicht gehaltenes Versprechen versteht, kann seine Arbeit auch durch die spätere Wiederaufnahme des Vorworts schwerlich korrigiert werden. Lehrreich in diesem Zusammenhang war ein Artikel von Manfred Bieler in der *Frankfurter Allgemeinen Zeitung*, der 1981 einige Dostojewskij-Übersetzungen vorstellte und mit den Worten schloss: «Um sorgfältig arbeiten zu können, braucht ein Übersetzer Zeit (= Geld), denn man erwartet von ihm die Leistung eines Schriftstellers, ohne ihm dessen Rang zu gönnen. Dostojewskijs Gesamtwerk ist deshalb in deutscher Sprache noch nicht vorhanden.»

Es ist ja ein Phänomen, dass praktisch gleichzeitig neue Dostojewskij-Ausgaben in England, Frankreich und den USA begonnen wurden.

Dieses Phänomen hängt, vom Standpunkt des Übersetzers aus gesehen, damit zusammen, dass die Fama, Dostojewskij habe eine mangelhafte Prosa geschrieben, endgültig der Vergangenheit angehört. Überdies zeichnet sich in unseren Tagen ein neues Verständnis von den Aufgaben und Grenzen des Übersetzens ab, wobei ein risikofreudigeres Vorgehen erlaubt ist. Stilistische Fragen, die früher mit dem Duden erledigt wurden, können heute, wenn man Glück und einen guten Lektor hat, angemessen gelöst werden. Vor mehreren Jahren übersetzte ich Tolstojs späten Roman *Der Teufel*. Im Augenblick der Entscheidung sieht der Held einen roten Rock um die Ecke kommen. Es kostete mich einige Mühe, um durchzusetzen, dass nicht eine Frau in einem roten Rock, sondern der rote Rock um die Ecke bog. Aber das ist eben Tolstoj, und es ist auch bei Gogol schon so gewesen.

Es ließe sich eine ganze Liste von Dostojewskijs sogenannten Unarten zusammenstellen – zum Beispiel die Reihung von anaphorischen Hauptsätzen, seine Vorliebe für Wiederholungen, das Ausstreuen von wiederkehrenden Adverbien, der unsymmetrische Satzbau –, die in Wirklichkeit unabdingbare Merkmale seiner Redekaskaden sind.

Sie haben auch auf den gewohnten alliterierenden Titel verzichtet.

Es war für mich keine Ermessensfrage, ich musste darauf verzichten, sonst wäre das Spiel die Kerzen nicht wert, wie die Russen sagen. Man kennt ja den Begriff des Gewohnheitsunrechts: ein Verstoß gegen die gültige Regel kann legalisiert werden aus dem einzigen Grund, weil er schon lange praktiziert wird. In diese Kategorie gehört auch der dem deutschen Ohr vertraute Titel *Schuld und Sühne*. Die erste deutsche Übersetzung erschien unter dem Titel *Raskolnikow*; 1887 liest man zum ersten Mal *Schuld und Sühne. Raskolnikoff*, in der Übersetzung von Moser. 1891: *Raskolnikoffs Schuld und Sühne*; 1907: *Raskolnikoff oder Schuld und Sühne*, und erst 1921 riskieren zwei Übersetzer, der unvergessene Eliasberg und Jarchow, den richtigen Titel, *Verbrechen und Strafe*. 1929 versucht es Scharfenberg mit *Raskolnikow, Verbrechen und Heimsuchung*, aber von da an kehrt man zu *Schuld und Sühne* zurück.

Ich gestehe errötend, dass auch mir bei meiner ersten Übersetzung der Mut gefehlt hat, gegen den Strom zu schwimmen, und nur eine Fußnote sollte mein professionelles Gewissen beruhigen. Setzt man jedoch die Worte «Schuld» (*wina*) und «Sühne» (*iskuplenie*) im russischen Text statt «Verbrechen» (*prestuplenie*) und «Strafe» (*nakasanie*) ein, entstehen völlig sinnentleerte Sätze oder gar Seiten. Auch im Epilog empfindet Raskolnikow keinerlei Schuldgefühle, auch da ist nur vom inneren Recht des Menschen auf Strafe die Rede. Das Gefühl von Schuld und das Bedürfnis nach Sühne sind moralische, vom christlichen Selbstverständnis des Menschen geprägte Vorstellungen.

Der russische Titel ist sachlich und hart. Er bezeichnet zunächst eine Verletzung der gültigen Ordnung und die abschreckende Gegenmaßnahme zum Schutz dieser Ordnung, evoziert Behördliches, Anfechtbares, vielleicht sogar Unmenschliches und dies ist der unbestreitbare Grund, auf dem Originaltitel zu bestehen. Seit seiner Rückkehr aus Sibirien rückt für Dostojewskij das Verhältnis von Mensch, Recht und Rechtsprechung in den Vordergrund und gewinnt in seinen Romanen eine zentrale Bedeutung. Auch das

Thema der Todesstrafe und die Schilderung von Hinrichtungen nehmen einen breiten Raum ein.

Raskolnikow, einem angehenden Juristen, konnte die grundlegende Schrift des Mailänder Rechtsgelehrten Cesare Beccaria (1738–1794) unmöglich unbekannt geblieben sein. Beccarias Traktat über Verbrechen und Strafe, *Dei delitti e delle pene* (1764), wurde bereits zwei Jahre nach seinem Erscheinen in mehrere europäische Sprachen übersetzt. Der Verfasser gilt als einer der Begründer der modernen, der fortschreitenden Zivilisation angemessenen Rechtsprechung, indem er als Erster die Frage nach der Zweckmäßigkeit der Todesstrafe gestellt hat und so entschlossen und einfallsreich gegen inhumane Gerichtspraxis aufgetreten ist, dass seine Argumentation heute noch als erschöpfend angesehen wird. Das X. Kapitel aus dem berühmten «Nakas» von Katharina II. über die Strafrechtsordnung ist ein Auszug aus Beccarias Traktat. 1803 wurde auf Veranlassung des Zaren der gesamte Traktat zusammen mit ergänzenden Schriften auf Russisch veröffentlicht. Weitere Übersetzungen folgten 1806, 1878 und 1879. Die Titel lauteten übereinstimmend *Über Verbrechen und Strafen*. Seit diesem europäischen Bestseller sind die Begriffe «Verbrechen und Strafe» untrennbar zusammengeschweißt in das Bewusstsein der Menschen eingegangen.

Was fasziniert Sie eigentlich derart an Dostojewskij?

Mich fasziniert der fließende Übergang von Viel zu Wenig und von Wenig zu Viel. Dostojewskij – das sind dicke Bände, Tausende von Seiten, zahllose Sätze und Worte, zahllos wie die Sterne am Himmel. Und darunter kein Satz, der nichts aussagt und kein einziges Wort, das überflüssig ist. Was mich besticht, ist einfach der Umgang mit dem, was wir Wörter nennen. Wie ist es möglich, mit jedem Wort etwas zu sagen? Es ist für mich immer wieder ein Geheimnis, wie bei einer solchen Ausdehnung ein einzelnes Wort einen besonderen Stellenwert hat, sowohl in der unmittelbaren Nachbarschaft von Sätzen, das heißt auf kurze Distanz, als auch weiträumig, über viele, sogar Hunderte von Seiten hinweg. Jemand fröstelt und befiehlt, Holz im Kamin aufzulegen, damit Dutzende von Seiten später das aufflackernde Feuer an einem Paket mit hunderttausend Rubel züngeln kann. Ereignisse, Personen, Träume und Gespräche scheinen sich in einer fast grotesken Weise übereinanderzutürmen, aber immer wieder zeigt sich dem Blick, wie auf einem Vexierbild der Jäger, ein nahezu klassisch einfaches, unerbittlich strenges Muster. Ich erlebe das wie ein Wunder. Und mit der Zeit entwickelt sich in einem ein Bedürfnis, wie eine Sucht, nach dieser Erfahrung. Die Faszination durch Dostojewskij äußert sich als eine Art Drang nach Neuentdeckung und Mitgestaltung. Dostojewskij ist eben ein Autor, der für seine Übersetzer schrieb.

Hatte Dostojewskij die ganze Konzeption seiner Romane schon, bevor er sie niederschrieb, oder entwickelten sie sich auch für ihn im Laufe des Schreibens?

Dostojewskij hatte immer – das ist natürlich verallgemeinernd und daher schief – einen äußeren Anlass. Es liegt ihm ja sehr viel daran, immer wieder zu unterstreichen: Das sind unsere Tage, das ist die Gegenwart. Es gab diesen Mord, aber aus diesem Bericht ist natürlich ein Dostojewskij entstanden. – Ich glaube, er hatte eine Idee. Aber dann machte das Buch mit Dostojewskij, was es wollte. Man hat ja drei Arbeitsbücher zu *Verbrechen und Strafe*, und man kann auch sagen, das sind drei Stadien. Dostojewskij sucht beim Schreiben dieses Buches nach einem Motiv für den Mord. Sonst nichts. Ihn interessiert das Motiv. Und der Weg dahin ist für ihn ein Tanzen auf einem Reibeisen gewesen, so schwer. Im letzten Gespräch mit Sonja wird sozusagen der Inhalt dieser Arbeitsbücher wiedergegeben. Mit Hilfe von Sonja wickelt Raskolnikow selber sämtliche möglichen Motive wie einen Knäuel ab. Sie sind allesamt nicht zu halten. Im Zentrum dieses Knäuels sitzt er schließlich selber, wie Sonja feststellt: «Sie haben für sich gemordet», *wy ubili dlja sebja.*

Er hat für sich gemordet. Und alles andere sind durchaus plausible Verkleidungen. Man könnte sagen, er schält eine Zwiebel. Er schält immer weitere Zwiebelschalen weg, und in der Mitte ist dann der imaginäre Mittelpunkt – sein Ich. Und das ist sehr schön dargestellt: So etwas geht nicht allein, dafür braucht er die Sonja. Zuletzt bleibt das, wozu er nun überhaupt nicht begabt ist: zu beweisen, dass er ein Held ist, einer, der sich keinem Gesetz unterwirft, sondern selber Gesetze aufstellt. – Im Hintergrund ist da Napoleon, immer wieder, diese sonderbare Gestalt, die die ganze russische Literatur unheimlich weit und tief und nachhaltig beeindruckt hat.

Dass Raskolnikow für diesen höchsten, innersten Zweck – für den imaginären Mittelpunkt der Zwiebel – nicht geeignet ist, das stellt sich eigentlich heraus nach seinem Traum von dem misshandelten Pferdchen. Dieser Traum ist eigentlich ein Hinweis darauf, dass er für diese Art von Heldentum nicht geeignet ist, dass er ein Held im höheren oder sublimierten Sinne ist. Dass der christliche oder moderne Held nicht mehr auf Kosten auch eines «unwerten» Lebens zum Helden wird. Das ist alles. Wenn man das genau ansieht, ist alles unheimlich ökonomisch. Und eigentlich – das klingt absurd angesichts der dicken Bücher – sind es ganz wenige Ideen, die Dostojewskij hat, und in einem Buch sind eigentlich ganz wenige Fäden, die mit einer unvergleichlichen Konsequenz verknüpft werden.

Sie haben den Roman vor dreißig Jahren schon einmal übersetzt. Was lesen Sie heute anders?

Ich war damals nicht so mutig und deshalb kulanter. Ich hätte mich sicherlich damals auch mit dem neuen Titel nicht durchgesetzt. Seither habe ich mich fast unentwegt mit Dostojewskij beschäftigt. Und als Ganzes ist der Roman für mich das geblieben, was er schon damals war. Manches sehe ich jetzt einfach deutlicher. Ich weiß zum Beispiel jetzt von dem übermäßigen Gebrauch des *«wdrug»*, des «plötzlich», in *Verbrechen und Strafe* und bei Dostojewskij überhaupt und kann mich dabei bestätigt fühlen, weil W. Toporow in *Verbrechen und Strafe* 565 und Ju. Karjakin in allen Romanen gar 4000 «wdrug» gezählt und die entsprechenden «plötzlich» in den deutschen Ausgaben vermisst hat.

Wichtig ist auch, was Dostojewskij über die Namen und sogar über die Versprecher der Personen sagt. Deutlicher als je zuvor höre ich die Personen des Romans sprechen. Ihre äußere Erscheinung, ihre Porträts sind für mich heute in den Hintergrund getreten. Es ist für mich viel bedeutsamer, was über ihre Sprache, Diktion und ihren Schreibstil gesagt wird. Die Figuren Dostojewskijs werden als Sprache erlebt, sie sind nicht nur das, was sie sagen, sondern wie sie es sagen, und dieses charakteristische Sprechen ist ein weites Übungsfeld für den Übersetzer. In den *Dämonen* beispielsweise, die bei mir *Böse Geister* heißen werden, zeichnet Stawrogin seine Erinnerungen auf, und in einem Vorspann wird kurz auf seinen Stil eingegangen: Er war ein recht gebildeter Mann, aber er konnte nicht russisch schreiben. Es schreibt ein etwas ungehobeltes Russisch. – Der Erzähler *sagt* das. Doch es wird meist übersetzt, wie wenn Dostojewskij diese Erinnerungen geschrieben hätte. Man macht überhaupt keinen Unterschied zwischen einem Passus des Autors und einer Seite dieses Tagebuchs.

Wenn man Dostojewskij sein Leben lang liest, dann merkt man, dass er nicht nur über die Sprache des Menschen, sondern auch über die Versprecher und über die Namen immer etwas sagt. Meine Lieblingsfigur ist gar nicht Aljoscha Karamasow und schon gar nicht der Fürst Myschkin, sondern mein Liebling und mein Typ ist der Rasumichin, und ich halte ihn eigentlich für das, was Dostojewskij sein Leben lang gesucht hat, und was ihm im *Idioten* nicht gelungen ist: Er wollte den positiven Typ des russischen Menschen darstellen. Also nicht einen Verbrecher, nicht einen Vollidioten, nicht einen Erniedrigten und Beleidigten und so weiter – sondern einen kräftigen Bewältiger der Wirklichkeit, aber mit einem idealistischen Kopf. Sozusagen einen Marquis von Posa, aber mit einem hohen Hämoglobingehalt. Und das ist der Rasumichin.

Wie das Deutsche hat auch das Russische zwei ganz deutlich unterschiedene Begriffe: Vernunft und Verstand. Mit der Vernunft denkt man Ideen, mit dem Verstand zahlt man seine Brötchen. *Rasum*, Vernunft, *rassudok*, Verstand. Natürlich geht es wie im Deutschen oft durcheinander, sollte aber nicht. Er heißt also Rasumichin. Und der Bräutigam von Dunja, der Schwester von Raskolnikow, der ihn zufällig am Bett des kranken Raskolnikow trifft, wittert sofort in ihm einen Nebenbuhler. Und beim nächsten Mal sagt er, ja, ja, da ist doch dieser – wie heißt er noch – der Herr *Rassudkin*. Jeder sieht das, was er zu sehen in der Lage ist – Das hat überhaupt nichts Belehrendes, Didaktisches, es gehört einfach zu dem Organismus des Romans.

Sie haben in einem früheren Gespräch einmal gesagt, ursprünglich habe Sie interessiert, was bei einer Übersetzung verloren gehe. Was geht denn bei Dostojewskij verloren?

Alles. Alles. Es geht eigentlich nach wie vor alles verloren. Ein bisschen mehr kommt vielleicht hinüber. Ich habe da gar keine Illusionen. Es kann gar nicht anders sein. Ich habe kürzlich Goethes Maskenzug gelesen, den er zum Besuch der Kaiserinmutter in Weimar verfasst hatte, schon nach Schillers Tod; und in Goethes Inhaltsangabe heißt es dazu: «Sie preisen die Gegend glücklich, wo der Fürst sich mit den Seinigen verbündet, damit das anerkannte Gesetz auch sogleich zur entschiedenen Ausführung gelange [...].» – *Das Anerkennen des Gesetzes!* Das ist also das Höchste, wozu der Mensch sich aufschwingen kann.

Und dann gibt es ein wunderbares Gedicht von Puschkin, «Auf dem Land». Er geht also auf das Land, und da hat er die Natur, den See und ein Regal mit Büchern, da kann er seine *len'* pflegen. Das ist die Faulheit. Ein wunderbares Wort. Das Wort «Faulheit» ist ein Begriff, aber *len'* ist ein Zustand – das eigentliche Medium für das Poetische. Es ist der Zustand, den der Mensch einnimmt, wenn die Muse beginnt, seine Hand zu führen. Denn der Mensch dichtet nicht, die Muse führt seine Hand. Wie auch bei Homer. Und da lernt er die einfachen Wahrheiten des deutschen Idealismus: die Menschlichkeit und die Gerechtigkeit. Und was kommt bei einem Russen heraus? «Mit» oder «aus freier Seele das Gesetz vergöttern».

Man muss beides nebeneinanderstellen: das Anerkennen des Gesetzes – und aus freier Seele – im Grunde ist «vergöttern» heute ein pejorativer Begriff, aber ursprünglich ist es eine liebende Bewunderung – aus freier Seele, also mit der ganzen Empfindung, mit dem Herzen, mit der *Liebe* das Gesetz aufnehmen. Es ist ein Unterwerfen ohne jede Unterwürfigkeit. – Wie will man diese beiden Sprachen auf einen Nenner bringen, wenn die eine Seele das Gesetz anerkennt und ganz bei sich bleibt – und das ist eigentlich die Voraussetzung für diese Seele, das Beisichbleiben gegenüber dem Gesetz; bloß nicht aus sich heraustreten –; und die andere: aus freier Seele das Gesetz lieben. Wo also das Bewusstsein in der Liebe überhöht wird.

Man kann sich also eigentlich nur gegenseitig ins Fenster gucken und sagen, ach so, die machen das so. Aber es sind Welten! Und so ist es auch mit den Sprachen: Es sind Welten! Vielleicht wird in *dieser* Übersetzung das Fenster etwas blanker sein.

Was fasziniert Sie denn eigentlich am Übersetzen?

Ich weiß nicht. Das Übersetzen ist vielleicht wie eine Art Sucht. Der Wille, sorgfältig und genau zu sein. Bei allem. Natürlich kann man immer wieder sagen, ich habe jetzt keine Lust. Aber da kann man's nicht. Ich kann nicht sagen, jetzt habe ich 200 Seiten sorgfältig übersetzt, aber bei diesem Satz tu ich's einfach nicht. Nirgendwo im Leben ist der Zwang von dieser Art, und der macht irgendwie süchtig. Es ist einfach eine Form zu leben.

Ich habe keine Termine. Ich kann nicht sagen, ich muss mich jeden Tag um neun hinsetzen, weil ich sonst nicht fertig werde oder den Gerichtsvollzieher ins Haus kriege. Aber ob es mir nun passt oder nicht passt, ob es geht oder nicht geht – mit einer fürchterlichen Genauigkeit sitze ich um neun Uhr am Schreibtisch. Es zwingt mich nichts, es zwingt mich jetzt überhaupt nichts mehr. Ich habe genug zu tun, ich habe die Welt noch nicht gesehen, und bald ist es dunkel. – Aber ich kann's nicht lassen. Und wenn ich drei Tage aus irgendwelchen Gründen nicht übersetzt habe, ist es für mich unerträglich. Ich bekomme schlechte Laune. Das ist wahrscheinlich wie Rauchen.

Aber vielleicht sind das auch solche Momente, in denen man sich selber vollkommen vergisst, in denen ich eigentlich nichts von mir weiß, wenn ich da sitze. – Manchmal bin ich auch müde, und dann finde ich es furchtbar, oder es ist unbequem, kalt oder warm; das kommt natürlich auch vor. Aber in der Regel, nach ein paar Minuten verschwindet die Welt. Da lebt man ganz woanders. Und wahrscheinlich immer dieses gewisse Risiko –

Es ist ja auch so, dass es in meinem Leben, in meinem Tag keine Stunde gibt, in der mir nicht irgendwas durch den Kopf geht. Und an den unerwartetsten Stellen weiß ich plötzlich, wie es sein muss. Es lässt mich eigentlich nie los. Wahrscheinlich bin ich ein unselbständiger Mensch, und es gefällt mir, dass ich immer einen Herrn über mir habe; und das ist der Text.

Würden Sie sagen, dass Sie eine Übersetzungstheorie haben?

Wahrscheinlich habe ich eine; jedenfalls muss ich irgendetwas vertreten, wenn ich mit Studenten arbeite. Wahrscheinlich hängt das mit meiner Auffassung von der Sprache zusammen, die genauso altmodisch ist wie meine gesamte Lebensführung. Es hängt sicherlich auch mit einer gewissen Disposition zusammen. Es gibt Anhaltspunkte bei Goethe und im Deutschen Idealismus, die ich selber gedacht hätte, wenn sie nicht schon gedacht worden wären. Wesentlich ist der Begriff des Ganzen, der Begriff des Organismus. Das sind wahrscheinlich die geheimen Gründe, weshalb ich überhaupt nach Deutschland gekommen bin. Es ist gar nicht der Krieg und gar nicht das Ostarbeiterlager – sondern das war es.

Und wenn ich dann bei Novalis sehe, es kommt auf das Ganze an, so ist das für mich wie ein Schluck Wasser. Ich weiß genau, was er meint, auch wenn ich das nicht immer sagen kann.

Ich habe eben eine ganz deutliche Vorstellung von dem, was das Ganze ist. Ferner befolge ich den Grundsatz, dass man vom Ganzen ins Einzelne geht, wie dickleibig das Ganze auch sein mag, und nicht umgekehrt. Und dann kommt das Handwerk mit seinen elementaren Regeln – dass man nicht anfangen darf, bevor man den Text nicht ungefähr auswendig weiß; dass man irgendwie seinen Pulsschlag hören muss –, Regeln, die so einfach, so selbstverständlich sind, dass ihre Befolgung sehr schwer, zeitraubend, arbeitsintensiv und von dem ständigen Bewusstsein begleitet ist, dass sie keinen Anspruch erheben darf, honoriert zu werden. Und alles andere sind dann ganz banale Anhaltspunkte: dass die Syntax beibehalten werden soll, so gut es geht; dass nichts ausgelassen wird; dass die Sätze alle stimmen und dass man den Text insgesamt – und wenn es 800 Seiten sind – so gut kennt, dass man, wenn auf Seite 130 ein Scheit Holz in den Kamin kommt, das auf Seite 625 noch weiß. Und das im Detail und in umfassenderen Strukturen.

Es wird dann eigentlich räumlich.

Es wird räumlich. Ich erlebe die Sprache als etwas Mehrdimensionales. Das ist ganz deutlich. Und die Arbeit mit Studenten hat es mir immer wieder bestätigt, dass man das auch vermitteln kann, dass die Sprache nicht etwas ist, was von links oben nach rechts unten läuft, sondern dass sie etwas Räumliches ist und dass man diese Räume irgendwie abschreiten muss.

Ihre Muttersprache ist Russisch. Was ist dann das Deutsche für Sie? Eine Fremdsprache jedenfalls nicht.

Darauf kann ich nichts antworten, weil ich es selber nicht weiß. In diesem Haus war die emotionale Sprache Russisch, solange meine

Mutter lebte. Wenn die Milch anbrannte, brannte sie auf Russisch an. Wenn man den Schlüssel gesucht hat, oder «Hast, Swetlana, hast du – immer nimmst du meine, also immer diese Sache, nu, wo ist, Swetlana, jetzt sag mal ehrlich, ich werde nicht, nun sag mal, hast du sie genommen» – das war Russisch. Und jetzt, da meine Mutter nicht mehr da ist – das könnte Folgen für mein Russisch haben. Gerade die Unzufriedenheit, der Zorn oder die plötzliche Zärtlichkeit, das ist mit dem Tod meiner Mutter gegangen. Das wird sich natürlich noch eine Weile halten, dann bin ich dort, wo es keiner Sprache mehr bedarf.

Der deutschen Sprache habe ich jedenfalls zu verdanken, dass sie mein Interesse für die Sprache, in die ich hineingeboren wurde, geweckt hat. Und wenn ich aus dem angeborenen Medium des Russischen in das geschenkte, das Deutsche, zurückkehre, so erlebe ich das andere mit ungeheurer Schärfe, mit der nackten Haut.

Die eigentliche Handlung scheint sich bei Dostojewskij von Roman zu Roman mehr hinauszuschieben; bei den Brüdern Karamasow *beginnt sie, was Aljoscha betrifft, eigentlich erst jenseits des Buches.*

Jedenfalls, solange man das Vorwort zu den *Brüdern Karamasow* als ein echtes Vorwort und nicht als Fiktion; als wirkliche Absichtserklärung des Autors Dostojewskij und nicht als einen Einfall des Chronisten – mit einem Wort: als ein authentisches Versprechen auffasst. Darüber sind die Meinungen der Fachwelt bis heute noch, Gott sei Dank, geteilt.

Ich meine – eine ganz kühne Behauptung, so was kann man nicht beweisen –, das ist das Verlegen der Handlung außerhalb der Buchdeckel. Denn das darf man nicht vergessen: Dostojewskij war ein unangenehmer Mensch, ein polemischer Mensch, ein Weltverbesserer, es ging ihm um den unmittelbaren täglichen Kontakt mit dem Leser. Und eigentlich das Neue Jerusalem und die hundertvierundvierzigtausend Gerechten in der *Apokalypse,* die bleiben immer unsichtbar. Das ist offenbar eine spirituelle Tradition. Die darstellende Kunst und auch die Ikonenmalerei zeigen uns die Seligen und das Neue Jerusalem am Ende der Zeit. Aber die Literatur findet eigentlich seit Dante in die Gefilde der Seligen keinen Zutritt. Ein Raskolnikow, der vegetarisch isst und im Reformhaus einkauft, ist eigentlich auch undenkbar. Und deswegen bleiben die Gerechten, die berufen sind, ein neues Leben auf der Erde aufzubauen, wie im Ostertraum Raskolnikows unsichtbar und unhörbar. Nach dem siebenjährigen Purgatorium wird auch Raskolnikow, falls er Sonjas Bibel unter dem Kopfkissen hervorgeholt, darin gelesen und danach gelebt haben wird, nicht mehr Raskolnikow sein.

Genauso wie Aljoscha Karamasow. Da wird etwas mit einem furchtbaren Preis erkauft, aber dann – fängt der Leichnam des heiligen Starez viel früher an zu stinken, als man das bei einem Menschen erwartet, der seit Wochen nichts mehr zu sich genommen hat außer einer Hostie und einem Schluck Wasser. Und dann fragen Sie, warum ich Dostojewskij liebe! – Das Wunder kann niemals den Glauben beweisen. Und obwohl er stinkt, hat Aljoscha nachts die Vision des lächelnden Christus. Das Heilige am Starez Sossima können Sie eben nicht riechen. Und deswegen gibt es auch keinen verklärten Raskolnikow.

Erreichte Vollkommenheit ist nicht mehr Gegenstand einer Darstellung im Roman. Die Schicksale der russischen Literatur beweisen es uns aufs Anschaulichste. Man braucht nur an Gogol und seine Pläne vom Paradies, das auf das Inferno der *Toten Seelen* folgen sollte, zu erinnern. Oder an Dostojewskijs Ideal von einem positiven russischen Helden, der schließlich doch nur der Fürst Myschkin geworden ist.

Mit einer einzigen Ausnahme findet bei Dostojewskij keine Verwandlung und damit keine endgültige Beruhigung statt. Die Romane enden überraschend, hinterlassen eine Verblüffung; und immer bleiben einige unvernähte Fäden zurück. Geht man ihnen nach, können sie zu den neuen Menschen führen, die ein neues Wort zu sagen haben, aber genauso gut sich im Ungewissen verlieren. Was wird zum Beispiel aus Rasumichin, dem Übersetzer und künftigen Verleger? Es ist der Phantasie des Lesers überlassen, im Laufe seines eigenen Lebens eine neue Geschichte weiterzuschreiben. Denn der Roman geht weiter. Der Roman geht weiter.

DER TEXT IST IMMER DABEI

Gespräch mit Swetlana Geier, 6. Dezember 1999

Mit dem 1999 erschienenen, von Ihnen edierten und weitgehend übersetzten Bändchen Puschkin zu Ehren *ist ein jahrzehntealter Traum von Ihnen in Erfüllung gegangen. Wann haben Sie ihn zum ersten Mal geträumt?*

Es hat sich einfach so ergeben, beim Unterricht. Ich finde, dass seit einigen Jahren der rote Faden beim Studium der Philologie nicht mehr so deutlich wird. Der Stoff nimmt immer zu, aber ein Student kann sich immer schwerer orientieren. Und dann habe ich gedacht, man sollte sich irgendwie auf einen roten Faden einschießen. Es geht meiner Meinung nach darum, die Aufgabe oder die Bestimmung des Dichters, wie Blok sagt, als einen zentralen Gedanken der russischen Literatur als Weltliteratur zu erkennen. Dann habe ich mich nach einer typischen Figur umgesehen, und es hat sich natürlich Onegin oder später auch Raskolnikow geboten. Und es ist sehr interessant: Als nach Gorbatschow *Doktor Schiwago* in Russland allgemein bekannt wurde, verstand der russische Leser nicht mehr, warum dieses Buch verboten gewesen war. Weil das Sensorium für das Spezifische dieses Helden im Leserbewusstsein einfach nicht mehr intakt ist. Man merkte nicht, dass das genau der gleiche Zweifler ist wie Onegin, Oblomow oder Petschorin: unfähig, sich zu entschließen – was heißt unfähig, das klingt zu hart –, der sich nicht entschließt und in diesem Atemanhalten lebt, auf des Messers Schneide. Na ja, und dann hat sich so eins ans andere gefügt.

Und dieses Leben auf des Messers Schneide, das ist das, was Sie in der russischen Literatur fasziniert?

Ich denke schon, dass Dostojewskij in seiner Puschkin-Rede diesen

Typus als zentralen Typus sieht, weil er ihn selbst fortsetzt, weil sein Raskolnikow natürlich ohne Onegin gar nicht wäre. Und bei Tolstoj liebe ich doch sehr, dass in seinem Roman, den er mit 25 zu schreiben begonnen hat, *Die Kosaken,* der Mann, der das Heil am Busen der Natur sucht, Olenin heißt. Das ist eine ganz deutliche Parallele: Olenin – Onegin. Das ist derselbe Held dreißig Jahre später.

Und worin sehen Sie die Bedeutung dieser Figuren?

Ich denke, das ganze Werk von Dostojewskij wäre ohne diese Figur nicht vorhanden. Ich glaube, Dostojewskij hat *einen* großen Roman geschrieben, und es ist immer die gleiche Figur; eine unglaublich moderne Figur, ein Zeitgenosse von uns. Und ich habe den Eindruck, dass eine gewisse Renaissance, die Dostojewskij jetzt in Deutschland erlebt, damit zusammenhängt, dass da eine Frage entschieden wird, die *unsere* Frage ist, die jeden Tag mit der Zeitung auf den Frühstückstisch kommt. Es ist die Frage nach der Verhältnismäßigkeit der Mittel. Die Frage, ob ein schlimmer Weg durch ein gutes Ziel gerechtfertigt wird. Und das ist ja die Frage der Generation meiner Kinder und meiner Enkel, und eigentlich müsste man mit diesem Roman die Frage nach dem Verkauf der deutschen Panzer in die Türkei prüfen, nicht mit der Zahl der möglichen Arbeitsplätze, die dabei entstehen. Und diese Frage stellt natürlich nur ein «otrizatel'nyj geroj», wie Dostojewskij sagt, ein «negativer Held». Dabei ist er natürlich nicht ein negativer Held, weil er unsympathisch oder unmoralisch ist, sondern weil er negativ denken kann. Weil er verneinen kann. Und damit begibt man sich natürlich auch ins Zentrum beispielsweise der idealistischen Philosophie: das Verneinen als höchste Möglichkeit des Menschen.

Im Vorwort schreiben Sie, dass Puschkin für die im Buch versammelten Autoren «Beginn und Vollendung der nationalen Literatur und das Urbild des Dichters sei»; sehen Sie das selbst auch so?

Ja. Je älter ich werde, desto deutlicher wird es für mich, dass da eine Identität ist zwischen einer Biografie, einem Menschen aus Fleisch und Blut und der Sprache als solche. Je älter ich werde, je mehr ich mich mit der Sprache beschäftige, desto verwunderlicher ist es für mich, was man mit Worten alles beschwören kann. Das schönste Beispiel ist die erste Zeile der Sommerstrophe aus *Jewgenij Onegin*. Das sind drei Hauptsätze: «*Byl wetscher. Nebo merklo. Shuk shushshal.*» «Es war Abend. Der Himmel erlosch. Der Käfer brummte.» Wenn ich sage, das ist eine der schönsten Zeilen der russischen Literatur, dann zweifelt man an meinem Verstand; aber so ist es. Es sind drei Hauptsätze. Wir haben keine Hilfsverben, deswegen besteht jeder Hauptsatz aus zwei Worten: «*Byl wetscher. Nebo merklo*»; und dann einmalig: «*Shuk shushshal*». Und das Komische ist, dass der russische Buchstabe für das stimmhafte sh wie im französischen «jour», Ж, auch noch ein bisschen wie ein Maikäfer aussieht. Und wie kommen diese Worte zusammen! In einer so *unglaublichen* Minimalität. Es ist ein Wunder. Und solche Wunder, die bestehen daraus, dass die Möglichkeiten – die phonetischen, lexikalischen, grammatischen, syntaktischen Möglichkeiten der Sprache absolut ausgeschöpft werden. Es gibt keinen zweiten Dichter von solcher Sparsamkeit, solcher totalen Vereinigung mit den Gesetzen der Sprache.

Und natürlich hat Puschkin auch als Erster den Dichter als eine einzige gottbegnadete Anomalie der Menschheit gesehen. Dichten ist eine extreme Situation. Und deswegen kann man seit zweihundert Jahren Puschkin kontrovers zitieren: einmal ist er Monarchist, einmal Atheist, einmal ist er ein frommer vorkonfessioneller Christ, einmal dichtet er nur für die Schönheit, aus Heiterkeit, und einmal ist er ein Prophet mit einer Mission – man kann eigentlich mit Puschkin alles belegen. Aber nicht weil er keinen Charakter hat, sondern weil Dichter sein eine Anomalie ist, für die die moralischen, die sittlichen Gesetze einfach nicht wirksam sind.

In *Dichtung und Wahrheit* und in den Gesprächen mit Eckermann prägt Goethe den Begriff des Dämonischen. Ich bin dem nachgegangen, als es deutlich wurde, dass der Begriff «*Besyj*» für die *Bösen Geister* nicht mit «Dämonen» übersetzt werden kann. Zu den dämonischen Gestalten, die weder sympathisch sind noch irgendwelche Neigungen erwecken brauchen, zählt Goethe Byron, Peter den Großen – was ich sehr interessant finde – und Napoleon. Und auch seinen Herzog, was mir zuerst etwas seltsam vorkam, aber immerhin hat dieser Herzog das Gespür gehabt für Goethe, und das zeichnet ihn natürlich von allen Sterblichen aus. Ohne seinen Herzog hätte es Goethe, so wie er heute dasteht, nicht gegeben.

In seinem letzten Jahrsiebt beschäftigt sich Puschkin mit Geschichte; er wurde auch zum persönlichen Historiographen des Zaren, und da gibt es eine sehr interessante Eintragung in seinen Papieren: «Peter der Große und Robespierre – sind inkarnierte Revolution.» Es ist eindeutig: Sein ganzes Denken beschäftigte sich mit der dämonischen Figur. Ob das nun Pugatschow war, der Führer des Bauernaufstandes, oder Peter der Große, das spielte keine Rolle. Dieser Gedanke hat ihn fasziniert. Und ich finde das *unglaublich*, dass diese beiden beinahe kontroversen Personen – Puschkin und Goethe – eben zu diesem Begriff des Dämonischen kommen – wobei sie selber gewiss auch solche dämonischen Figuren sind. Und dass sie dieselben Beispiele bringen, Napoleon und Peter den Großen ...

Es gibt ein Gedicht von Puschkin, «Der Prophet», in dem ein Wanderer, ein Dürstender nach Geist, in der Wüste einem Seraph begegnet, und dieser berührt seine Augen, seine Ohren, er reißt ihm mit der blutigen Rechten die Zunge aus dem Mund, er öffnet ihm den Brustkorb und reißt das zitternde Herz heraus. Schließlich liegt der Wanderer wie eine Leiche da. Und nun vernimmt er die Stimme Gottes: Steh auf und verkünde den Menschen das Wort! – Das ist ein Dichtergedicht. Wobei es sich nicht um eine religiöse Offenbarung handelt, sondern eigentlich um eine ästhetische.

Dann wäre der Dichter eigentlich nur die Hülle des Wortes.

Ja, eine *totale* Entäußerung vom Individuellen.

Da stellt sich die Frage nach dem Verhältnis von der «Hülle» zum Wort. Wie behält der Dichter das Bewusstsein, dass er sich nicht im Dienst des Wortes entgleitet und etwas anderem, dem Unwort verfällt? Das bedingt doch eine völlige Selbstentäußerung und gleichzeitig ein unglaubliches Selbstbewusstsein.

Na ja, sicher. Und das zu *schildern*.

Das entspricht eigentlich dem, wie Steiner die Meditation schildert.

Das ist der Achtgliedrige Pfad. – Ich habe das jetzt im Erzählen etwas zusammengezogen. – Es sind acht Berührungen. Ganz klar. Das ist der Achtgliedrige Pfad. – Ihr letzter Satz könnte übrigens aus dem *Idioten* stammen: Es ist das Bei-sich- und gleichzeitig Bei-der-Welt-Sein vor dem Anfall Myschkins. Bei Puschkin ist es wie bei Dostojewskij: Ob dieser nun in der Zeitung von einem Studenten gelesen hat, der einen Postillion umgebracht, oder in Sibirien einen Mann getroffen hat, der seinen Vater erschlagen haben soll, spielt gar keine Rolle. Das ist nur der Anstoß. Es geht um den Menschen, in allen Variationen. Und Puschkin geht es um den Dichter in allen Variationen. Er war übrigens furchtbar stolz, dass er stark ausgeprägte negroide Züge hatte. Seine Mutter war eine berühmte Schönheit, man nannte sie «la belle créole», ihn aber fand man hässlich. Er war angeblich der Urenkel eines abessinischen Fürsten, den holländische Kaufleute Peter dem Großen schenkten. Peter dem Großen ist dieser schwarze Junge aufgefallen, er hat ihn taufen lassen und wurde sein Patenonkel. Und in Russland gibt es keine Patenonkels, sondern man ist der «Kreuzvater»; und es gibt auch nicht mehrere Patenonkels, sondern es gibt *einen* Kreuzvater und *eine* Kreuzmutter. Puschkin fühlte sich nun – das finde ich so rührend und ergreifend –, mit Peter dem Großen verwandt, weil er der «Kreuzvater» seines Urgroßvaters war. – Das betrifft sozusagen die «Hülle». Da muss ein kleiner abessinischer Knabe zu Peter dem Großen kommen. Was für Vorstellungen! Und dieser wirkliche Veränderer der Welt sieht dieses kleine schwarze Bübchen und erkennt es – und am Ende sitzen wir hier und reden darüber. Also an der Hülle muss schon einiges dran sein.

Puschkin war ja zu Lebzeiten schon fast ein Mythos. Wie kam es dazu?

Ich denke, das geht alles über die Sprache. Puschkin schreibt so, dass ihn jeder versteht. *«Byl wetscher. Nebo merklo. Shuk shushshal.»* Finden Sie mir einen Russen, der das nicht versteht, ob der nun lesen und schreiben kann oder nicht.

Aber drangen diese Verse damals schon ins Volk?

Damals und heute. Russland ist nicht so groß. – Heute ist Puschkin wirklich ein Volksdichter, was man von keinem Deutschen, nicht von Grass und nicht von Goethe, sagen kann. Wir haben in Deutschland keinen Volksdichter. Das hängt damit zusammen, dass jeder Puschkin verstehen kann. Und das genügt. Es gibt ein wunderbares, jedem glücklich, aber auch unglücklich Liebenden aus der Seele gesprochenes Liebesgedicht von ihm: *«Ja was ljubil: ljubow' jeschtscho, byt' moshet / W dusche mojej ugasla nje sowsjem»* – «Ich habe Sie geliebt: die Liebe ist vielleicht / In meinem Herzen noch nicht ganz erloschen». Auch beim wiederholten Lesen überlesen wir den unvollendeten Aspekt des Verbs «lieben», der das «Lieben» zu einer ewigen Gegenwart, zu einem dauernden Präsens macht. Millionen Russen lieben dieses Gedicht, auch ohne die russische Grammatik zu beherrschen. Für seine Wirkung ist es vielleicht ohne Belang.

Und dann: Puschkin war schwarz, er war temperamentvoll, er war ein Frauenliebhaber, er war wahnsinnig frech, er hat die unglaublichsten Epigramme geschrieben; er passte eigentlich nicht in die höhere Gesellschaft. Und er lebte vom Schreiben. Und so lange er unterhaltend war, der ganz junge Puschkin, wurde er gefeiert. Aber dann ging es ihm schlecht. Ihm fehlte eben der Herzog von Sachsen-Weimar-Eisenach. Er lebte in unwürdigen Verhältnissen. Und dieser merkwürdige Mann heiratet das schönste Mädchen der Ballsaison. Das letzte Wort über seine Frau ist noch nicht gesprochen und wird vielleicht nie gesprochen werden. Dass sie wahnsinnig schön war, und dass sie, sobald er in Petersburg war, schwanger wurde, das weiß man. Aber ob sie seine Gedichte überhaupt je gelesen hat, das weiß man nicht.

Dostojewskij ist eine Gestalt in der außer-russischen Literatur geworden; aber ein Dichter wie Puschkin kann das gar nicht. Er bleibt in seiner eigenen Muttersprache.

Im Grunde – indirekt – lebt Puschkin in der modernen europäischen Literatur. Denn ohne Puschkin hätte es keinen Dostojewskij gegeben. Das steht fest. Und insofern ist er gegenwärtig. Aber mittelbar. Und er ist nicht nur ein Volksdichter, sondern er ist ein biografisches Ereignis für jeden russischen Schriftsteller und Dichter. Leider ist es nicht bei jedem so fruchtbar wie bei Dostojewskij. Er ist in Dostojewskijs Tintenfass eingegangen, komplett. Als Dostojewskij auf sein Todesurteil wartete, schrieb er seinem Bruder einen Brief, in dem er die «klebrigen Blätter einer Birke» pries. Das ist ein Zitat aus einem Puschkin-Gedicht. In einem solchen Moment bietet sich einem solchen Mann wie Dostojewskij kein treffenderes Wort als eines von Puschkin. Weil das ein Bild des Lebens ist.

Puschkin steht ja nicht nur am Ursprung der russischen Dichtung und Literatur, sondern auch des Geierschen Gäbelchens –

Das «Gäbelchen» ist eigentlich das, wovon wir sprechen: dass Puschkin als Erster die Frage nach der Bestimmung der Poesie, der

Kunst stellt; dass bereits sein Zeitgenosse Gogol Puschkins Definition: «Der Sinn der Poesie ist Poesie» sprengt, nach einer Rechtfertigung sucht und sie in der Religion findet. Das war eine ungeheure Selbstkastration. Und es ist der eigentliche Grund, warum Gogol zweimal den zweiten Teil der *Toten Seelen* verbrannt hat. Weil eine Kunst, die total im Dienst der christlichen Moral aufgegangen ist, einfach aufhört, Poesie zu sein oder Kunst oder Literatur.

Da hat der Künstler den Christen verbrannt?

Ja, der Künstler hat eigentlich den Prediger verbrannt. Gleichzeitig hatte er den unerhörten Anspruch: Wenn es *wirklich* wahr ist, dann ist es wunderbar. Aber es war nicht wirklich wahr. Es war nicht echt. Das ist auch in der Anthroposophie für mich ein ganz, ganz schwieriges Kapitel. Ich möchte gar nicht in einer Zeit übersetzen, wo es zwischen Lyrik und Predigt gar keinen Unterschied mehr gibt. Wo alles Vorwahrheit ist.

In Gogol fand ein ungeheurer Kampf statt. Von da an trennen sich die Wege: einmal sind da große Dichter, große Schriftsteller, große Schöpfer, die eine Rechtfertigung für das suchen, was sie treiben. Zum Beispiel Tolstoj, der gänzlich auf Puschkin gründet und nie müde wird in der Lobpreisung des Dichters Puschkin. Aber das, was er selbst schrieb, war für ihn nicht moralisch, nicht aufgeklärt genug für ein künftiges Bewusstsein, das keinen Unterschied zwischen Kunst und Religion mehr kennt. Es ist sehr interessant, dass er dabei an die Grenzen der Sprache überhaupt gekommen ist. In der Erzählung «Die drei Greise» erweist sich die Sprache als überflüssig. Etwas sehr Unheimliches für einen Schriftsteller.

Ich verstehe nicht, dass die Tragödie Tolstojs in der anthroposophischen Betrachtung nicht wahrgenommen wird, weder bei Rittelmeyer noch bei Steiner selber. Ich denke, das ist der Einfluss von Marie Steiner. Denn Tolstoj war damals berühmt, alle Welt pilgerte mit großer Ehrfurcht zu ihm: ein Weiser, der sich selber die Schuhe macht, kein Fleisch isst und die Todesstrafe verurteilt. – Es wäre viel besser, jemand anders hätte seine Schuhe gemacht, und er hätte noch einen Roman geschrieben.

Das gleicht, auf anderem Niveau, dem Aufsehen, das Solshenizyn am Anfang im Westen erregte.

Genau. Nur war Tolstoj ein Genie, ein Übermensch an Fleiß und Bildung, ein glänzendes Beispiel eines russischen Europäers. Und das ist Solshenizyn nicht. – Dann kam der Realismus. Und eigentlich war die Existenz des Sozialistischen Realismus seit Tolstoj vorprogrammiert. Denn die Oberideologie ist auswechselbar. Ob nun Christus oder Marx zur Rechtfertigung angeführt wird, in jedem Fall ist die Souveränität der Kunst unterbunden oder eingeschränkt.

Und die andere Zinke des Gäbelchens?

Dort steht als erster Dostojewskij – und irgendwie ist es ja auch einleuchtend, warum Dostojewskij und Tolstoj sich nicht vertragen. Sie sind sich *nie* begegnet. Sie sollen ja einmal beide während eines Vortrags von Solowjow anwesend gewesen sein, aber begrüßt haben sie sich nie. Die Gräfin Tolstaja ist zu Anna Grigorjewna gekommen und hat sich nach den Bedingungen des Selbstverlags erkundigt. Aber die Männer haben sich nie gesehen.

Was mir auffällt an diesem Bändchen, Puschkin zu Ehren *– dass die andere Zinke, die es ja sozusagen repräsentiert, so dünn ist. Sind da nicht mehr Texte?*

Doch. 1999 war ja das Puschkin-Jahr. Ich habe an das «Gäbelchen» gar nicht gedacht, als ich für S. Fischer Sinjawskijs «Was ist der sozialistische Realismus?» übersetzte. Doch dann kam mir plötzlich die Idee: Warum mache ich das nicht jetzt? Ich habe ja alles komplett da. Puschkin war schon übersetzt, Brodskij auch. Ich denke, dass ich, wenn Dostojewskij «zu Ende» ist und ich überhaupt noch kriechen kann, den Band *Puschkin zu Ehren* gerne vervollständigen würde. Irgendjemand hat ihn als das «Vademecum der russischen Literatur» bezeichnet; das ist auch richtig.

Warum haben Sie dem trostlosen Referat von Gorkij so viel Platz eingeräumt?

Die Rede ist ein Stück russische Geschichte. Sie ist doch *ungeheuer!* Der Westen macht heute große Fehler. Man unterschätzt allgemein diese Rede in ihrer Wirkung. Jetzt verstehe ich, was Sinjawskij einmal sagte: Die Tragödie Russlands besteht nicht darin, dass es seine Schriftsteller verloren hat, sondern darin, dass es seine Leser verloren hat. In Deutschland erkennt man das nicht. Mehrere Generationen Russen haben im Sinne dieser Gorkij-Rede die Literaturbetrachtung als ein Politikum gelernt; als die Geschichte des Kampfes des Proletariats auf der ganzen Welt um die Macht. Und diese Einschränkung: «Hätte Puschkin Marx gelesen ...» – das ist gar kein Witz. «Es fehlte ihm das rechte Klassenbewusstsein, denn er gehörte doch mit der großen Zehe zu den Feudalen –». Denken Sie, achtzig Jahre, das sind auf der Schule vier bis fünf Lehrergenerationen. Und deswegen sollte man diese Rede von Gorkij in ihrer Buchstäblichkeit ernst nehmen. Denn noch haben wir mit Menschen zu tun, die sie für bare Münze genommen und gelernt hatten.

Sehen Sie heute Autoren, die jene andere Linie der nicht-dienenden Kunst weiter verfolgen?

Sinjawskij und Brodskij. Ich sehe da in Sinjawskij ganz deutlich eine Linie, gewissermaßen als Fortsetzung des «linken Zinkens». Als seine *Promenaden mit Puschkin* veröffentlicht wurden, ist die Familie in Paris wochenlang nicht ans Telefon gegangen: Er wurde von Russen im Exil unflätig beschimpft. Ich finde das Buch wunderbar, einfach fantastisch.

Etwas vom Entscheidendsten, was ich von Ihnen gelernt habe, ist die Beziehung zwischen der deutschen Romantik und dem russischen Symbolismus, wie ihn namentlich Belyj vertreten hat; wie würden Sie diese Beziehung oder Metamorphose – und Metamorphose wovon – umschreiben?

Ich kann mich ja eigentlich nur an den Dokumenten entlang tasten. Ich denke, ein Kapitel der Geistesgeschichte war am Ende des 19. Jahrhunderts zu Ende gegangen, die Zeit der Väter. Eine sehr optimistische Zeit eigentlich. Belyj schildert das ausgezeichnet. Die Jungen, die mit den Traditionen des realistischen 19. Jahrhunderts gebrochen hatten, die hießen deswegen die «Dekadenten». Das kam in einer gewissen Weise zur Deckung mit dem beginnenden Jugendstil. Alle Formen der Romantik – Fragment, Brief, Gedicht, Verzicht auf Eindeutigkeit –, das hat sie interessiert. Es war eigentlich eine Protestbewegung. Die Söhne waren alle Aussteiger, würde man heute sagen. Und erst nach und nach haben sie sich von dieser sehr abwertenden Bezeichnung «Dekadente» befreit. Gegen Kant ihrer Väter brauchten sie natürlich eigene Vordenker. Sie übersetzten zum Beispiel Jakob Böhme, Franz von Assisi. Oder besannen sich auf den einzigen russischen Mystiker, den Ukrainer Grigorij Skoworoda, einen Vorfahren von Solowjow. Und dann natürlich lag die deutsche Romantik und Naturphilosophie ihrem Herzen ganz nah.

Durch wen geschah die Vermittlung?

Das waren alles doch sehr gebildete und belesene Leute, und es gab sehr viele Übersetzer. Die mütterlichen Verwandten von Blok beispielsweise, die Damen, haben übersetzt. Ich glaube, dass Mereshkowskij sehr wichtig gewesen ist; dass ein solcher Mann wie Konstantin Balmont, den man ganz vergessen hat, viel Bedeutendes geleistet hat. Als Vermittler der Werte. Und dann hat es eben zwei ganz Große gegeben: Belyj und Blok. Für Blok und für Belyj war klar, wohin sie gehören; sie gehörten in die Linie der deutschen Romantik. Nicht des deutschen Romantisierens; aber sie gehörten zu denen, für die die Kunst die höchste Potenz des Lebens war. Potenzierung des Lebens, der Wirklichkeit in der Kunst. Und wer weiß, wenn der Erste Weltkrieg nicht gekommen wäre, wie das alles geendet hätte. – Balmont zum Beispiel war ungeheuer wichtig. Er ist der eigentliche Begründer der neuen russischen Lyrik gewesen und stand in engem Kontakt zur Anthroposophie. Mein Schwiegervater hat die Anthroposophie durch Balmont und durch Sabaschnikow kennengelernt. Als Balmont 1920 Russland verließ, wurde er der Maître zahlreicher russischer Vereinigungen in Paris. Aber dann kamen diese modernistischen Tendenzen, er wurde vergessen und starb in unglaublicher Einsamkeit und Armut.

Es ist nicht nur unvermeidlich, sondern geradezu unhöflich, in einem Gespräch mit Ihnen nicht auf Dostojewskij zu kommen, an dessen Brüder Karamasow *Sie zur Zeit sitzen. Sie haben einmal gesagt, dass Sie begonnen haben zu übersetzen, weil es Sie interessiert hat, was dabei verloren geht. Und Sie sind nun doch schon Jahrzehnte dabei, Dinge zu verlieren – was ist heute Ihr primärer Antrieb beim Übersetzen? Ich denke, es ist nicht nur Verpflichtung Dostojewskij gegenüber.*

Wenn ich sage, ich fühle schon eine gewisse Verpflichtung, dann ist es – für meinen Charakter – schon sehr viel. Denn ich bin ja kein Mensch, sondern eine Russin. Die Pflicht ist uns vielleicht nicht angeboren, mir jedenfalls nicht. – Aber es ist erstaunlich, dass ich bei dieser riesigen Menge von bedruckten Blättern überhaupt keinen Überdruss empfinde und – manchmal sind das acht Stunden täglich – dass ich selten müde bin. Also muss da irgendwie etwas von diesen Texten kommen. Ich habe die Erfahrung gemacht, dass die Texte, auch diejenigen, die ich übersetzt habe, für mich noch nicht ausgeschöpft sind. Dass da plötzlich immer wieder ein Detail oder eine Fragestellung auftritt, die vorher nicht da war. Irgendwie pflanzen die sich in einem immer weiter fort, obwohl ich jede Zeile, jeden Satz unzählig oft gelesen und bewegt habe. Es ist auch so, dass alle «Kapitel» Dostojewskijs – ich bezeichne die Romane als Kapitel eines einzigen Buches – sehr, sehr verschieden sind. Und ich glaube, das Schwerste sind die *Karamasow*. Sehr schwer.

Und woran liegt es?

Ich kann das noch nicht bindend sagen. Ich glaube, an der Eindeutigkeit des Romans. Je eindeutiger bei Dostojewskij ein Text ist, desto entfernter ist er, desto mehrdeutiger wirkt er, desto stärker wird diese Eindeutigkeit zugebaut. Beispiel: In *Verbrechen und Strafe* bringt Raskolnikow den betrunkenen Marmeladow nach Hause, er sieht die Familie und auch Sonja in der Kleidung ihres Gewerbes. Dann erscheint ein alter Priester mit den letzten Sakramenten für den sterbenden Marmeladow. Raskolnikow legt alles Geld, das er in der Tasche hat, aufs Fensterbrett und geht. Die Wohnung liegt im dritten Stock. Im Treppenhaus wird Raskolnikow von dem uralten Priester überholt. Er geht weiter, plötzlich hört er Schritte und bleibt stehen. Es ist das kleine Mädchen, und er weiß, dass Sonja ihm dieses Mädchen nachgeschickt hat. Er bittet das Mädchen, für ihn zu beten. – Den Rest des Romans braucht man eigentlich nicht mehr zu lesen. – Dostojewskij braucht den alten Priester, um den Leser wissen zu lassen, wie langsam Raskolnikow in Erwartung eines Zeichens von Sonja die Treppe hinuntergeht. Es wird nicht gesagt, aber der Leser kann es herauslesen. Das ist nur ein kleines Beispiel.

Der Roman *Die Brüder Karamasow* – das ist die große Schlacht, die Dostojewskij den *Bösen Geistern* bietet. Wie in der *Internationalen*, «das ist unser letzter Kampf». Und das von dem Moment an, wo es auf der zweiten oder dritten Seite heißt «unser Kloster». Die Tarnschichten sind ungeheuer dick, sie bilden die vorder- und auch untergründige Handlung. Der eigentliche Konflikt aber ist das Verhältnis zum Christentum und damit zum Menschen. Da ist

Dostojewskij kein bisschen besser als Rudolf Steiner. Die beiden Hauptkontrahenten sind der Starez Sosima und der Großinquisitor, und beide haben ihre Hierarchien um sich. – Deswegen geschieht auch das Wunder, dass ein alter Mann, der an sich überhaupt keine Materie hat, praktisch unmittelbar, nachdem er gestorben ist, anfängt zu stinken. Das ist ein *Wunder!* Das ist ein Beweis gegen den Großinquisitor. Da verliert er. Weil er glaubt, dass der Mensch das Wunder brauche. Die Menschen brauchen es vielleicht, aber der Mensch nicht.

Das Poem vom Großinquisitor ist bereits vorbereitet in der ausführlich geschilderten Audienz beim Starez Sosima. Aus Symmetriegründen könnte man erwarten, dass, so wie die Szene bei Starez Sosima am Anfang steht, der «Großinquisitor» irgendwie am Schluss kommt. Aber er kommt unmittelbar danach. Insofern müsste man die beiden in ihrem Gegensatz eigentlich als Vorspiel betrachten, als den Grundton des Ganzen, und alles, was nachher geschieht an menschlichen Leidenschaften, als Nachspiel. Diese Mehrschichtigkeit in die Sprache zu fassen, ist sehr schwer. Dostojewskij ist ja ungeheuer logisch. Diese Geschichte mit dem die Treppe-Runtergehen ist unglaublich präzise. Aber das ist nicht dafür bestimmt, auf Anhieb bemerkt zu werden.

Ist das mit ein Grund für das Übersetzen? Niemand lernt einen Text wohl so gut kennen wie der Übersetzer.

Es ist vielleicht doch die Ähnlichkeit mit dem Leben. Neun Zehntel gehen da à fonds perdu. Es gehört schon viel Verbissenheit dazu. Das ist am ehesten ein Charakterfehler. Fragen Sie die Alpinisten. Warum klettern sie? Sie könnten ja auch über die Wiese laufen. Es ist hoch oben, man friert, es ist gefährlich, man schindet sich ab – Es gibt in meinem Leben keine Viertelstunde, in der die Arbeit nicht dabei ist. Der Text ist immer dabei, und Andrej Sinjawskij hatte vielleicht nicht Unrecht, wenn er meinte, man sollte *mich* nach einer kniffligen Stelle fragen und nicht ihn.

Sie schreiben selber nicht und haben offenbar auch nicht das Bedürfnis dazu?

Ich denke, ein Schriftsteller schafft etwas, was es bis dahin nicht gab. Ich habe ja immer eine Vorlage. Aber für meine Exerzitien an dieser Vorlage gibt es eigentlich kein Kriterium. – Es ist vielleicht auch ein suchtähnliches Verhältnis. Ich rauche nicht, ich trinke nicht, ich verreise nicht – ich übersetze.

Ist es auch der Kampf mit dem Unmöglichen, weil Übersetzen nicht ganz möglich ist?

Ja, es ist nicht ganz möglich, genau. Es gibt manchmal bei der Arbeit das Gefühl von einer elastischen Glaswand. Wenn ich weiß, ich kann nicht weiter. Es ist ein ganz starkes, sinnliches Erleben der Grenze. Manchmal löst es sich und manchmal nicht. Gelegentlich geht es um ein einziges Wort. Eines der vier Bücher der *Brüder Karamasow* trägt die Überschrift «*Nadrywy*», Plural von «*Nadryw*». Es ist ein unübersetzbares Wort, ein Neologismus, den Dostojewskij aus einem verbreiteten Verb, «*nadrywat'*», abgeleitet hat: Ein Gewebe können Sie dehnen, bis es einreißt. Und so lange die Spannung bleibt, steht es in der Gefahr, gleich weiter zu reißen. Das ist dieser Zustand. – Wortschöpfend wirken bei Dostojewskij übrigens oft Frauen, die etwas psychotisch sind. Und so eine Frau sagt dieses Wort; und dann denkt Aljoscha weiter darüber nach und weiß, dass er heute mit diesem Wort auf den Lippen aufgewacht ist. Und dann wird es auch definiert: Selbstvergewaltigung, Selbstzerstörung, alles Mögliche, was mit «Selbst-» anfängt. Das spricht eigentlich alles dafür, dass Dostojewskij diesem Begriff ganz große Bedeutung schenkt. – Wenn die Dostojewskij-Ausgabe bei Ammann steht, dann müsste man sie einmal mit der Ausgabe beim Aufbau-Verlag vergleichen, und zwar nur unter einem ganz schmalen Aspekt: dem des Umgangs mit Begriffen aus dem biblischen Bereich und aus dem traditionellen Christentum. Bei der Aufbau-Ausgabe wird beispielsweise nicht unterschieden zwischen der Auferweckung des Lazarus und der Auferstehung Christi.

«Nadryw» bezeichnet also eigentlich das Überschreiten sämtlicher bestehender Normen auf der Suche nach dem Selbst. Raskolnikow ist der Erste, der sein eigenes Dasein zum Experimentierfeld macht; in den *Bösen Geistern* taucht das Wort zum ersten Mal auf. In den *Brüdern Karamasow* wird es an entscheidenden Stellen wiederholt und vielfach definiert. Übersetzen? Nein, es ist im Russischen ebenso ungewohnt wie im Deutschen. Die Deutschen haben ja auch in kürzester Zeit «*Perestrojka*» und «*Glasnost'*» gelernt.

Aber ich denke auch, es kann nicht jeder alles übersetzen, sondern es ist ein Schicksal. So wie Mieraus sich in Florenskij einarbeiten. Die Übersetzung kann noch so gut sein, aber wenn ein Gebiet, das zum Leben des Autors gehört, vom Übersetzer nicht beachtet oder verstanden wird, dann geht ihr etwas ab. Daher ist es ein Glücksfall, wenn zwei zusammentreffen, ein Autor und ein Übersetzer. Das geschieht sehr selten. Und da haben Sie mit der neuen Dostojewskij-Ausgabe auch insofern eine wichtige Rolle gespielt, als das Bewusstsein der Leser geweckt worden ist dafür, was eine Übersetzung eigentlich bedeutet und wie verschieden ein Text sein kann.

Natürlich haben Sie recht, obwohl ein solches Zusammentreffen gewiss sehr selten ist. Ich habe Glück gehabt – ob Andrejew, ob Belyj, Katajew, sogar Solshenizyn – es waren immer Autoren, die mir etwas zu sagen hatten oder eine extrem hohe Anforderung an mich stellten – so die Antipoden: Andrej Belyj in *Verwandeln des Lebens*, seinen Erinnerungen an Steiner, und Solshenizyns *August Vierzehn*. Eine sehr wichtige Begegnung war Andrej Sinjawskij, den ich für einen der interessantesten Autoren und einen bezaubernden Menschen halte. Seine künstlerische Existenz ist Trost und Verheißung – als Fortsetzung einer verloren geglaubten literarischen Tradition. Er ist eine unikale Erscheinung als ein moderner russischer Schriftsteller.

Zu Dostojewskij nur eins: Ich weiß nicht, ob mir auf dem «unendlichen Weg zum Hause des anderen»[6] wirklich ein paar Schritte gelungen sind, aber natürlich wäre ich glücklich, wenn Sie recht hätten.

---

6 Vgl. Die letzte Strophe des Gedichts «Sprache» von Johannes Bobrowski: «Sprache / abgehetzt / mit dem müden Mund / auf dem endlosen Weg / zum Hause des Nachbarn».

Constantin Graf Stamati

DER FALL DER RUSSIN S. I.*

Aus der Vorbemerkung des Herausgebers: «*Es ist eine bekannte Tatsache, dass trotz des ‹monolithischen› Aspekts des NS-Regierungssystems viele Lücken in ihm bestanden als Folge mangelnder Sachkunde, menschlicher Unzulänglichkeit, widersprüchlicher Kompetenzen und persönlicher Rivalitäten – Lücken, die von besser Informierten und moralisch Ansprechbaren zu sehr heterodoxen Einzelhandlungen und zu überraschenden Querverbindungen benutzt werden konnten. Der Verfasser, Deutsch-Balte und nicht P[artei]g[enosse], der zusammen mit anderen Landsleuten im Ostministerium tätig war, berichtet aus eigener Anschauung über einige konkrete Vorgänge solcher Art, die für das Bild dessen, ‹wie es eigentlich gewesen›, von Interesse sein dürften.*»

Der letzte Gouverneur von Galizien, das zum Generalgouvernement Polen gehörte, also dem Ostministerium nicht unterstellt war, ein höherer SS-Führer österreichischer Herkunft, gehörte zu den Parteileuten, die von der Praxis des Nationalsozialismus restlos enttäuscht waren. Galizien kannte er zudem von seiner Kindheit her. Er tat sein Möglichstes, um die Lage der Bevölkerung zu bessern. In Ostgalizien, das ukrainisch besiedelt war, gab es keine kommunistischen Partisanen, wohl aber «grüne», die zwar nicht die Wehrmacht und ihre Verbindungslinien, wohl aber die Sicher-

---

*   Aus Constantin Graf Stamati: «Zur ‹Kulturpolitik› des Ostministeriums», in *Vierteljahrshefte für Zeitgeschichte*, im Auftrag des Instituts für Zeitgeschichte München herausgegeben von Hans Rothfels und Theodor Eschenburg. Stuttgart: Deutsche Verlagsanstalt, 6. Jahrgang 1958, 1. Heft, Januar; S. 82–84. Ganzer Aufsatz: S. 78–85 und im Internet: http://www.ifz-muenchen.de/heftarchiv/1958_1.pdf

heitspolizei und die Beamten der Zivilverwaltung angriffen und selbstverständlich auch die Kommunisten, falls sich diese irgendwo zeigten. Die «grünen» Partisanen waren also ukrainische Freiheitskämpfer, die von den Deutschen zutiefst enttäuscht waren. Zuspitzungen hätten hier leicht katastrophale Folgen gehabt.

Der Gouverneur von Galizien entschloss sich also, einen langgehegten ukrainischen Wunsch zu erfüllen. Rund 100 zum Studium besonders geeignete junge Ukrainer wurden ausgesucht und, mit einem Stipendium von je 100.– Mark monatlich aus ukrainischen Mitteln, zum Studium nach Deutschland gesandt, wobei zu einigen Universitäten, wie z. B. Danzig oder Wien, besonders guter Kontakt bestand. Das Reichserziehungsministerium wollte jedoch diese 100 Ukrainer nicht ohne Rückendeckung zum Studium zulassen und fragte deshalb beim Ostministerium an, das die politische Verantwortung dafür übernahm (das sah praktisch so aus, dass ein Referent, der kein Recht dazu hatte, dies im Namen des Reichsministers tat).[7] Einige ostgalizische Ukrainer, die mit den 100.– Mark, die sie als Stipendium erhielten, nicht reichten, bekamen Zuschüsse vom Ostministerium. Beantragt wurden diese Zuschüsse übrigens von zwei Vertretern der deutschen Studentenschaft. Heftige Angriffe von einigen Parteistellen gegen das Studium von Ukrainern waren die Folge.

Die Aktion des Gouverneurs von Galizien war 1943 erfolgt. Die Angriffe setzten 1944 ein. Sie steigerten sich, als etwa 60 Russen und Ukrainer vom Ostministerium Stipendien erhielten und auf Grund einer Befürwortung größtenteils zum Studium zugelassen wurden. (Zu diesen etwa 60 Studierenden, die größtenteils Russen waren, kamen noch etwa 20 Halbrussen hinzu, staatenlose russische Emigranten aus Deutschland oder Angehörige der russischen Volksgruppe im Baltikum.) Die meisten Stipendiaten russischer und ukrainischer Herkunft wurden dem Ostministerium

---

7   Höchstwahrscheinlich ist mit dem auch später erwähnten Referenten Graf Stamati selber gemeint.

unmittelbar vom Heer überwiesen. Darunter waren auch manche, die keine Hochschulreife hatten und die darum anderswo untergebracht werden mussten. Hinzu kamen einige Härtefälle, die Ostarbeiter betrafen. Einer dieser Fälle geriet in den Brennpunkt der Angriffe, die sich gegen den für die Stipendienabteilung zuständigen Referenten des Ostministeriums richteten, der über einen Fonds von 1 Million Mark jährlich verfügte (eine Summe, die noch erhöht werden konnte). Die übrigen Fälle führten nur zu Einzelangriffen, die leichter abzuwehren waren.

In Verbindung mit Professor Dr. Remme, der im Auftrag des Reichserziehungsministeriums die Studiengenehmigungen für Ausländer zu erteilen hatte, wurden alle die Stipendiaten, die mangelnde Sprachkenntnisse hatten oder Lücken in ihrer Schulbildung aufwiesen, Dreimonatskursen überwiesen, die notfalls auf ein halbes Jahr verlängert werden konnten. Diese Kurse fanden in Berlin statt und waren ganz ausgezeichnet geleitet.

In den Mittelpunkt der Angriffe, die sich letztlich gegen die Stipendienerteilung und die Zulassung zum Studium von Studenten aus dem besetzten Ostgebiet richteten, geriet eine junge Russin aus Kiew, die wir hier mit S. I. bezeichnen wollen und deren Fall, als typisch für manchen anderen, hier etwas ausführlicher dargestellt sei. Sie war die Tochter eines bedeutenden russischen Forschers, der kurz vor Kriegsbeginn von der NKWD verhaftet und nach einigen Monaten als Todeskandidat – infolge der bei den Verhören erlittenen Misshandlungen – wieder freigelassen worden war. Nach wenigen Wochen starb er als gebrochener Mann. Mutter und Tochter, die gerade das Abitur gemacht hatte, blieben in Kiew, als die deutschen Truppen sich dieser Stadt näherten, und traten dann als Dolmetscher (beide beherrschten die deutsche Sprache, die Tochter sogar sehr gut) in deutsche Dienste. Sie begrüßten die Deutschen als Befreier vom Stalinschen Terror, wie das die überwiegende Mehrzahl der Bevölkerung – einschließlich der allermeisten in Kiew verbliebenen Juden – auch tat. Auf den Gedanken, dass die damaligen Machthaber in Deutschland eine brutale Gewaltherrschaft im Osten auf der Grundlage der Untermenschentheorie errichten wollten, sind diese Menschen gar nicht gekommen und haben es auch eine lange Zeit hindurch nicht glauben können. Es erschien ihnen zu unsinnig – und nicht nur ihnen!

Im Herbst 1943 wurden Mutter und Tochter, zusammen mit den Angestellten der deutschen Industriefirma, für die sie arbeiteten, nach D. im Westen Deutschlands evakuiert. Dort angekommen, mussten sie das Ostarbeiterabzeichen tragen, wurden in ein Ostarbeiterlager geschafft und vorschriftsmäßig als Untermenschen behandelt. Der Versuch des jungen Mädchens, Schreibmaschine und Stenographie zu lernen, wurde ihr von der Vertreterin des Rassepolitischen Amtes bei der dortigen Gauleitung untersagt. Einige Wertsachen der beiden verschwanden auf ungeklärte Art. Vielleicht war es tatsächlich ein Bombenangriff gewesen, wenn auch nicht viel für diese Lesart sprach! Die örtliche Gestapo erklärte sich bereit, das Schicksal der beiden etwas zu erleichtern, wenn die Tochter bereit wäre, Agentin der Gestapo im Lager zu werden. Das lehnte sie ab, da sie Selbstachtung und Charakter genug hatte, sich solcher Zumutung zu versagen. Ein Ingenieur der Firma, zutiefst empört über diese Vorgänge, trug sie dem Referenten, der die Stipendien verwaltete, vor. Ihm gelang es, die beiden durch einen Marschbefehl (den auszustellen er allerdings kein Recht hatte) nach Berlin zu holen, wo die Tochter ein Stipendium erhielt und mit ihrer Mutter nach F. zum Studium gesandt wurde. Wohl durch einen aufgefangenen Brief erfuhr die Gestapo in D. ihre neue Anschrift und die wesentliche Verbesserung ihrer Lage. Die erste Folge davon war ein längeres Fernschreiben der Gestapo in D. an die Gestapo in F., in dem die junge Russin als «gefährliche kommunistische Agentin» bezeichnet und ihre «Sicherstellung» verlangt wurde. Anschließend sollte sie dann nach D. überführt werden. Die S. I. wurde zum Verhör in die Gestapo in F. bestellt, die übrigens größtenteils aus alten Kriminalbeamten zusammengesetzt war, denen ein unrechtmäßiges Verfahren widerstrebte. Nach eingehendem Verhör und Prüfung der Bescheinigungen, die die S. I. vom

Ostministerium erhalten hatte, zeigte der Gestapobeamte ihr das Fernschreiben aus D., stand auf, reichte ihr die Hand und erklärte: «Ich glaube Ihnen jedes Wort.» Die junge Russin, die bald darauf Lektorin für Russisch an der dortigen Universität wurde (etwa 30 im Osten kriegsverletzte junge Offiziere, die in F. studierten, legten auf die Erlernung dieser Sprache Wert), wurde von der Gestapo in F. nicht mehr behelligt.

In der Berliner Zentrale der Gestapo fand sich in der für Ostarbeiter zuständigen Abteilung ein junger Beamter, der Regierungsamtmann Schmidt, durch dessen Hände alle Eingänge gingen. Da er anscheinend der einzige in seiner Abteilung war, der wirklich arbeitete, war sein Einfluss entsprechend groß. Er erklärte sich bereit, die S. I., von der er einen persönlichen Eindruck gewonnen hatte, zu schützen, und er tat es auch. Als es ihm nicht mehr möglich war, die Angriffe abzubiegen, die vom Leiter des Rassepolitischen Amtes, Dr. Gross, der Gauleitung in D. und auch von einer Abteilung des Ostministeriums gegen das Studium der S. I. erhoben wurden und die sich nach dem Grundsatz: man schlägt den Sack und meint den Esel – gegen den Referenten richteten, schlug er vor, sie zu einer Kosakin zu machen, was auch geschah. Auch zu Anträgen auf Befreiung russischer und ukrainischer Stipendiaten vom Ostarbeiterverhältnis gab der Amtmann Schmidt seine Zustimmung.

Constantin Graf Stamati, Freiburg/Brsg.,
Matthias-Grünewald-Straße 10.

ÜBERSETZUNGEN VON SWETLANA GEIER

Buchausgaben chronologisch
(Erst- und spätere Ausgaben)

1957 Andrejev, Leonid N.: *Lazarus; Judas Ischariot*, Rowohlt-Klassiker Bd. 15, Hamburg 1957; 2. Auflage Weitbrecht, Bad Wiessee 1984. Mit einem Essay «Zum Verständnis der Werke» und einer Bibliographie von Swetlana Geier (der Band enthält auch *Die sieben Gehenkten* in der Übersetzung von Ingrid Tinzmann).

1961 Tolstoj, Leo: *Der Teufel*, Rowohlt-Klassiker Bd. 94 (Russische Literatur; Bd. 6), Reinbek 1961. Mit einem Essay «Zum Verständnis der Werke» und einer Bibliographie von Swetlana Geier (der Band enthält auch *Die Kreutzersonate* in der Übersetzung von Alexander Eliasberg).

1962 Dostojewskij, Fjodor: *Winterliche Aufzeichnungen über sommerliche Eindrücke; Aufzeichnungen aus dem Kellerloch*, Rowohlt-Klassiker Bd. 111/112 (Russische Literatur; Bd. 8), Reinbek 1962. Mit einem Essay «Zum Verständnis der Werke» und einer Bibliographie von Swetlana Geier (der Band enthält auch *Aus dem Tagebuch eines Schriftstellers* in der Übersetzung von Alexander Eliasberg) – Neuausgabe der *Aufzeichnungen aus dem Kellerloch*: Büchergilde Gutenberg, Frankfurt am Main – Zürich – Wien 2000; Fischer Taschenbuch Bd. 16174, Frankfurt/M. 2003; S. Fischer (S. Fischer Jahrhundertwerke), Frankfurt/M. 2006.

1964 Dostojewskij, Fjodor: *Raskolnikov. Schuld und Sühne*, Rowohlt-Klassiker Bd. 166–169 (Russische Literatur; Bd. 12), Reinbek 1964. Mit einem Essay «Zum Verständnis des Werkes» und einer Bibliographie von Swetlana Geier.

1967 Ginsburg, Jewgenija S.: *Marschroute eines Lebens*, Rowohlt, Reinbek 1967; 2. Auflage, Neuausgabe, Serie Piper Bd. 462, München 1986 und diverse Buchclubausgaben.

1970 Katajew, Valentin P.: *Kubik*, Zsolnay, Wien, Hamburg 1970; Fischer Taschenbuch Bd. 1281, Frankfurt/M. 1972; Dörlemann, Zürich 2005.

1972 Solschenizyn, Alexander: *August Vierzehn,* Luchterhand, Darmstadt & Neuwied 1972; Sammlung Luchterhand Bd. 183, Darmstadt & Neuwied 1974 und diverse Buchclubausgaben.

1973 Platonov, Andrej P.: *Unterwegs nach Tschevengur,* Luchterhand, Darmstadt & Neuwied 1973; Sammlung Luchterhand Bd. 868, Darmstadt & Neuwied 1989.

1974 Belyj, Andrej: *Im Zeichen der Morgenröte. Erinnerungen an Aleksandr Blok,* Zbinden, Basel 1974.

1974 Terz, Abram (Sinjawskij, Andrej): *Eine Stimme im Chor,* Zsolnay, Wien/Hamburg 1974; dtv Bd. 1331, München 1978; S. Fischer, Frankfurt/M. 2009 (überarbeitete Neuauflage).

1975 Belyj, Andrej: *Verwandeln des Lebens. Erinnerungen an Rudolf Steiner,* Zbinden, Basel 1975.

1975 Solschenizyn, Alexander: *Die Eiche und das Kalb,* Luchterhand, Darmstadt & Neuwied 1975; Rowohlt Taschenbuch Bd. 4145, Reinbek bei Hamburg 1978.

1975 Tschukowskaja, Lydia: *Untertauchen,* Diogenes, Zürich 1975; Büchergilde, Frankfurt/M. – Wien – Zürich 1977; Diogenes Taschenbuch 20393, Zürich 1978.

1977 Sinjawskij, Andrej: *Promenaden mit Puschkin,* Ullstein, Berlin – Frankfurt/M. – Wien 1977.

1979 Sinjawskij, Andrej: *Im Schatten Gogols,* Ullstein Propyläen, Berlin – Frankfurt/M. – Wien 1979.

1982 Terz, Abram (Sinjawskij, Andrej): *Klein Zores,* S. Fischer, Frankfurt/M. 1982.

1982 Solschenizyn, Alexander: *Im ersten Kreis,* vollständige Ausgabe der wiederhergestellten Urfassung des Romans *Der erste Kreis der Hölle,* zusammengetragen und aus dem Russischen übersetzt von Swetlana Geier, S. Fischer, Frankfurt/M. 1982; Fischer Taschenbuch Bd. 5873, Frankfurt/M. 1985.

1984 Dostojewskij, Fjodor: *Aufzeichnungen aus dem Kellerloch,* Reclam Universal-Bibliothek Bd. 8021, Stuttgart 1984.

1985 Afanasjew, A. N.: *Russische Volksmärchen,* Winkler, München 1985; dtv

Bd. 5931, München 1986; Auswahlband, Winkler, München 1989.

1985 Terz, Abram (Sinjawskij, Andrej): *Gute Nacht*, S. Fischer, Frankfurt/M. 1985.

1987 Solschenizyn, Alexander: *August Vierzehn (23. August – 3. September), Das Rote Rad; Knoten 1*, 2. erweiterte Fassung, R. Piper, München 1987 und diverse Buchclubausgaben.

1988 Wojnowitsch, Wladimir: *Moskau 2042*, R. Piper, München 1988; Serie Piper, Bd. 1043, München 1989.

1989 Sinjawskij, Andrej: *Der Traum vom neuen Menschen oder Die Sowjetzivilisation*, S. Fischer, Frankfurt/M. 1989.

1990 Wojnowitsch, Wladimir: *Die Mütze*, R. Piper, München 1990.

1990 Sinjawskij, Andrej: *Iwan der Dumme. Vom russischen Volksglauben*, S. Fischer, Frankfurt/M. 1990.

1991 Bulgakow, Michail: *Manuskripte brennen nicht. Eine Biographie in Briefen und Tagebüchern*, herausgegeben von Julie Curtis, S. Fischer, Frankfurt/M. 1991.

1993 Kusmina, Jelena: *Anna Achmatowa. Ein Leben im Unbehausten*, Rowohlt, Berlin 1993; Rowohlt Taschenbuch 13647, Reinbek bei Hamburg 1995.

1993 Sinjawskij, Andrej: *Pchenz*, Sonderdruck zur Leipziger Buchmesse 1993.

1993 Dostojewskij, Fjodor: *Verbrechen und Strafe*, Ammann, Zürich 1993 (Impressum: 1994); Büchergilde Gutenberg, Frankfurt am Main – Zürich – Wien 2005; Fischer Taschenbuch Bd. 12997, Frankfurt/M. 1996.

1996 Dostojewskij, Fjodor: *Der Idiot*, Ammann, Zürich 1996; Fischer Taschenbuch Bd. 13510, Frankfurt/M. 1998; Fischer Taschenbuch Bd. 50575 (Sonderausgabe), Frankfurt/M. 2002.

1998 Dostojewskij, Fjodor: *Böse Geister*, Ammann, Zürich 1998; Fischer Taschenbuch Bd. 14658, Frankfurt/M. 2000.

1999 *Puschkin zu Ehren. Von russischer Literatur*, herausgegeben und übersetzt (ausgenommen den Essay von Maxim Gorki) von Swetlana

Geier, Ammann, Zürich 1999; Fischer Taschenbuch Bd. 16171, 2003.

2001 Dostojewskij, Fjodor: *Der Großinquisitor*, Ammann, Zürich 2001.

2002 Sinjawskij, Andrej: *Das Verfahren läuft. Die Werke von Abraham Terz bis 1965*, S. Fischer, Frankfurt/M. 2002.

2003 Dostojewskij, Fjodor: *Die Brüder Karamasow*, Ammann, Zürich 2003; Fischer Taschenbuch Bd. 16358, Frankfurt/M. 2006.

2003 Bunin, Iwan A.: *Ein unbekannter Freund. Zwei Erzählungen*, Dörlemann 2003; Fischer Taschenbuch Bd. 16465, Frankfurt/M. 2005.

2006 Dostojewskij, Fjodor: *Ein grüner Junge*, Ammann, Zürich 2006; Büchergilde Gutenberg, Frankfurt am Main – Zürich – Wien 2007; Fischer Taschenbuch Bd. 17692, Frankfurt/M. 2009.

2009 Dostojewskij, Fjodor: *Der Spieler*, Ammann, Zürich 2009; Fischer Taschenbuch Bd. 18899, Frankfurt am Main, 2011

Buchausgaben alphabetisch (Nur Erstausgaben)

Afanasjew, A. N.: *Russische Volksmärchen*, Winkler, München 1985.

Andrejev, Leonid N.: *Lazarus; Judas Ischariot*, Rowohlt-Klassiker Bd. 15, Hamburg 1957.

Belyj, Andrej: *Im Zeichen der Morgenröte. Erinnerungen an Aleksandr Blok*, Zbinden, Basel 1974.

Belyj, Andrej: *Verwandeln des Lebens. Erinnerungen an Rudolf Steiner*, Zbinden, Basel 1975.

Bulgakow, Michail: *Manuskripte brennen nicht. Eine Biographie in Briefen und Tagebüchern*, herausgegeben von Julie Curtis, S. Fischer, Frankfurt/M. 1991.

Bunin, Iwan A.: *Ein unbekannter Freund. Zwei Erzählungen*, Dörlemann 2003.

Dostojewskij, Fjodor: *Aufzeichnungen aus dem Kellerloch*, Reclam Universal-Bibliothek Bd. 8021, Stuttgart 1984.

Dostojewskij, Fjodor: *Böse Geister*, Ammann, Zürich 1998.

Dostojewskij, Fjodor: *Der Großinquisitor*, Ammann, Zürich 2001.

Dostojewskij, Fjodor: *Der Idiot,* Ammann, Zürich 1996.

Dostojewskij, Fjodor: *Der Spieler,* Ammann, Zürich 2009.

Dostojewskij, Fjodor: *Die Brüder Karamasow,* Ammann, Zürich 2003.

Dostojewskij, Fjodor: *Ein grüner Junge,* Ammann, Zürich 2006.

Dostojewskij, Fjodor: *Raskolnikov. Schuld und Sühne,* Rowohlt-Klassiker Bd. 166–169 (Russische Literatur; Bd. 12), Reinbek 1964.

Dostojewskij, Fjodor: *Verbrechen und Strafe,* Ammann, Zürich 1993.

Dostojewskij, Fjodor: *Winterliche Aufzeichnungen über sommerliche Eindrücke; Aufzeichnungen aus dem Kellerloch,* Rowohlt-Klassiker Bd. 111/112 (Russische Literatur; Bd. 8), Reinbek 1962.

Ginsburg, Jewgenija S.: *Marschroute eines Lebens,* Rowohlt, Reinbek 1967.

Katajew, Valentin P.: *Kubik,* Zsolnay, Wien, Hamburg 1970.

Kusmina, Jelena: *Anna Achmatowa. Ein Leben im Unbehausten,* Rowohlt, Berlin 1993.

Platonov, Andrej P.: *Unterwegs nach Tschevengur,* Luchterhand, Darmstadt & Neuwied 1973.

Puschkin zu Ehren. Von russischer Literatur, Ammann, Zürich 1999.

Sinjawskij, Andrej: *Das Verfahren läuft. Die Werke von Abraham Terz bis 1965,* S. Fischer, Frankfurt/M. 2002.

Sinjawskij, Andrej: *Der Traum vom neuen Menschen oder Die Sowjetzivilisation,* S. Fischer, Frankfurt/M. 1989.

Sinjawskij, Andrej: *Im Schatten Gogols,* Ullstein Propyläen, Berlin – Frankfurt/M. – Wien 1979.

Sinjawskij, Andrej: *Iwan der Dumme. Vom russischen Volksglauben,* S. Fischer, Frankfurt/M. 1990.

Sinjawskij, Andrej: *Pchenz,* Sonderdruck zur Leipziger Buchmesse 1993.

Sinjawskij, Andrej: *Promenaden mit Puschkin,* Ullstein, Berlin – Frankfurt/M. – Wien 1977.

Sinjawskij, Andrej: Siehe auch Terz, Abram.

Solschenizyn, Alexander: *August Vierzehn (23. August – 3. September), Das Rote Rad; Knoten 1,* 2. erweiterte Fassung, R. Piper, München 1987.

Solschenizyn, Alexander: *August Vierzehn,* Luchterhand, Darmstadt & Neuwied 1972.

Solschenizyn, Alexander: *Die Eiche und das Kalb,* Luchterhand, Darmstadt & Neuwied 1975.

Solschenizyn, Alexander: *Im ersten Kreis,* vollständige Ausgabe der wiederhergestellten Urfassung des Romans *Der erste Kreis der Hölle,* S. Fischer, Frankfurt/M. 1982.

Terz, Abram (Sinjawskij, Andrej): *Eine Stimme im Chor,* Zsolnay, Wien/Hamburg 1974.

Terz, Abram (Sinjawskij, Andrej): *Gute Nacht,* S. Fischer, Frankfurt/M. 1985.

Terz, Abram (Sinjawskij, Andrej): *Klein Zores,* S. Fischer, Frankfurt/M. 1982.

Terz, Abram: Siehe auch Sinjawskij, Andrej.

Tolstoj, Leo: *Der Teufel,* Rowohlt-Klassiker Bd. 94 (Russische Literatur; Bd. 6), Reinbek 1961.

Tschukowskaja, Lydia: *Untertauchen,* Diogenes, Zürich 1975.

Wojnowitsch, Wladimir: *Die Mütze,* R. Piper, München 1990.

Wojnowitsch, Wladimir: *Moskau 2042,* R. Piper, München 1988.

CHRONIK

26.4.1923	Geboren im Gebiet der Zuckerfabrik Koshanka bei Kiew, Ukraine, als einziges Kind von Michail Fjodorowitsch Iwanow (1882–1938) und Sofija Nikolajewna Basanowa (1895–1992); verbrachte die ersten Jahre unter anderem in Uman und Bobrowka.
2.–19.12.1927	*XIV. Parteitag in der UdSSR, Kollektivierung der Landwirtschaft und erster Fünfjahrplan wird beschlossen.*
1928–1932	*Erster Fünfjahrplan, Beginn der Zwangskollektivierung.*
21.12.1929	*Stalin wird 50, lässt sich als Alleinherrscher feiern, Beginn des Personenkults.*
Ca. 1929	Übersiedlung mit den Eltern nach Kiew, Wohnung in der Nikol'sko-Botanitscheskaja uliza Nr. 10.
Ab 1929	Deutschunterricht durch Klawdija Georgjewna Freimann.
1930	Eintritt in die erste Klasse der 95. Schule in Kiew, einer Zehnklassenschule.
Ab ca. 1932	Französischunterricht durch Jekaterina Wassiljewna Borowskaja.
1933–1937	*Zweiter Fünfjahrplan.*
1.12.1934	*Ermordung von Sergej M. Kirow.*
1935–1939	*Große Stalinsche Säuberungen, zu denen Kirows Ermordung als Anlass dient.*
19.–24.8.1936	*Erster Schauprozess («Prozess der 16»).*
1938–1942	*Dritter Fünfjahrplan.*
1./2.1.1937	Verhaftung des Vaters im Zuge der Stalinschen Säuberungen.
1937	Nach Verhaftung des Vaters auf Anraten und mit Empfehlung des Schuldirektors Jan Petrowitsch Rjapo dem Kommunistischen Jugendbund beigetreten.

12./13. 5. 1938	Vater aus Haft entlassen, durch schwere Folterungen gezeichnet.
1938	Pflegt den Vater den Sommer hindurch auf der Datscha in Klawdijewo.
28. 12. 1938	Tod des Vaters.
23. 8. 1939	*Hitler-Stalin-Pakt (Nichtangriffspakt mit Deutschland mit geheimem Zusatzprotokoll zur Aufteilung Polens).*
1. 9. 1939	*Beginn des Zweiten Weltkriegs durch Überfall der deutschen Wehrmacht auf Polen.*
17. 9. 1939	*Einmarsch sowjetischer Truppen in Polen bis zur vereinbarten Demarkationslinie mit den Deutschen.*
30. 11. 1939	*Beginn des Sowjetisch-Finnischen «Winterkriegs» (Friedensvertrag 13. 3. 1940).*
Mai 1941	Abitur mit Bestnoten.
21. 6. 1941	Abiturfeier am Vorabend des Kriegsausbruchs.
22. 6. 1941	*Überfall der deutschen Wehrmacht auf die Sowjetunion, Beginn des «Großen Vaterländischen Kriegs».*
17. 9. 1941	*Die Sowjetarmee zieht sich aus Kiew zurück.*
19./20. 9. 1941	*Kiew durch die deutsche Wehrmacht eingenommen.*
29. 9. 1941	*Beginn der Ermordung der Kiewer Juden in der Schlucht von Babi Jar, die tagelang andauert; nach Angaben der deutschen Einsatzgruppen wurden in den ersten beiden Tagen 33 771 Juden erschossen. Auch in den kommenden Monaten fanden in Babi Jar Massenhinrichtungen statt.*
29. 9. 1941	Lernt den Kommandeur des Rüstungskommandos Süd, Alfred Graf Korff Schmising-Kerssenbrock, kennen; tritt bei ihm, der sie fortan beschützt und ein Studium in Deutschland in Aussicht stellt, als Dolmetscherin in Dienst. Arbeitet später als Übersetzerin im Geologischen Institut der Akademie der Wissenschaften in Kiew.
August 1942	*Beginn der Schlacht von Stalingrad, Belagerungsring durch die Sowjetarmee ab 22. 11. 1942.*

Winter 1942	Umzug (zusammen mit ihrer Mutter) mit dem Geologischen Institut aus der unbewohnbaren Stadt Kiew in die Kleinstadt Shitomir.
2.2.1943	*Ende der Schlacht von Stalingrad durch Kapitulation der deutschen Armee.*
März/April 1943	Rückkehr nach Kiew. Beginnt als Dolmetscherin auf einer Baustelle für die Dortmunder Union Brückenbau AG zu arbeiten.
30.9.1943	Abreise aus Kiew und Übersiedlung mit der Dortmunder Union Brückenbau AG in elftägiger Zugfahrt nach Dortmund, wo sie mit ihrer Mutter in ein Ostarbeiterlager der Firma kommt.
6.11.1943	*Die deutschen Truppen ziehen sich vor der vorrückenden Sowjetarmee aus Kiew zurück.*
Anfang 1944	Zahlreiche Gestapo-Verhöre in Dortmund.
März 1944	Rettende Reise nach Berlin, legt Begabten-Prüfung ab, erhält mit ihrer Mutter Staatenlose-Pässe von Constantin Graf Stamati und bekommt ein Alexander-von-Humboldt-Stipendium (300 RM). Danach direkt nach Freiburg im Breisgau gefahren, wo sie kurze Zeit mit der Mutter im Hotel Roseneck logiert.
März 1944	Beginn des Studiums der Literaturwissenschaft und vergleichenden Sprachwissenschaft an der Freiburger Universität. Wohnt mit ihrer Mutter bis Dezember in einem Mansardenzimmer am Rebhagweg 26 in Freiburg-Günterstal.
Herbst 1944	Lernt ihren zukünftigen Mann, Christmut Geier, kennen. Umzug mit der Mutter in Mansarde bei Marie-Theres Technau, an der Kybfelsenstraße 63 in Freiburg-Günterstal. Wohnt da auch später mit der wachsenden Familie in einer kleinen Wohnung.
27.11.1944	*Luftangriff auf Freiburg, Zerstörung der Innenstadt.*
26.4.1945	Heiratet an ihrem 22. Geburtstag Christmut Geier.
9.5.1945	*Deutsche Kapitulation.*

5.6.1945	*Aufteilung Deutschlands in vier Besatzungszonen, Freiburg fällt in die französische Zone.*
1945–1988	Lektorat für russische Sprache am Slawischen Seminar der Universität Freiburg.
9.5.1946	Geburt der Tochter Michaela.
21.6.1948	*Deutsche Währungsreform.*
3.5.1949	Geburt des Sohnes Johannes.
23.5.1949	*Grundgesetz für die Bundesrepublik Deutschland verkündet.*
14.8.1949	*Wahl zum ersten Bundestag.*
15.9.1949	*Konrad Adenauer wird erster deutscher Bundeskanzler.*
1950	Umzug der Familie in ein Haus an der Reutestraße 15 in Freiburg-Günterstal.
5.5.1955	*Bundesrepublik Deutschland erlangt volle Souveränität.*
1957	Erste Übersetzung (Leonid N. Andrejew: *Lazarus*), die zusammen mit einer weiteren Erzählung von Andrejew, *Judas Ischariot*, im selben Jahr in der Reihe Rowohlt-Klassiker erscheint. Übersetzt in der Folge weitere Bände für die Reihe und schreibt Einführungen dazu.
1957	Beendigung des Studiums mit einer Arbeit über den Entwicklungsgedanken bei Novalis, ohne Rigorosum.
1963–2006	Lektorat für russische Sprache an der Universität Karlsruhe.
Oktober 1963	Zieht nach Trennung von ihrem Mann mit der Mutter und den Kindern in das Haus Schauinsland 99a in Freiburg-Günterstal.
1964	Baut am Kepler-Gymnasium in Freiburg Russischunterricht als drittes Pflichtwahlfach auf.
21.7.1964	Scheidung von Christmut Geier.
seit 1983	In Kassel Fortbildungskurse für die Russischlehrer an den Waldorfschulen.
1990–1993	Lehrauftrag für Russische Sprache und Literatur an der Universität Witten-Herdecke.

1991	Große Verdienstmedaille der Fridericiana Karlsruhe.
28.1.1992	Tod der Mutter.
1994	Der erste Band der großen Romane Dostojewskijs, *Verbrechen und Strafe*, erscheint in ihrer Neuübersetzung.
1994	Anerkennungsstipendium des Landes Baden-Württemberg und Jäggi-Preis der Basler Buchhandlung.
1995	Reinhold-Schneider-Preis der Stadt Freiburg und Leipziger Übersetzerpreis für Europäische Verständigung.
1998	Erstmals seit 1943 wieder in Russland (St. Petersburg).
1998	Goldene Eule der Deutschen-Sokratischen Gesellschaft, Mannheim, und Verdienstmedaille der Universität Karlsruhe.
2001	Wilhelm-Merton-Preis der Gontard und Metallbank AG, Frankfurt am Main.
2003	Anerkennungsmedaille des Landes Baden-Württemberg.
2004	Ehrendoktorwürde der Philosophisch-Historischen Fakultät der Universität Basel.
2005	Schwerer Arbeitsunfall des Sohnes Johannes.
2007	Übersetzerpreis der Buchmesse Leipzig und Ehrendoktorwürde der Philologischen, Philosophischen und Wirtschafts- und Verhaltenswissenschaftlichen Fakultät der Albert-Ludwigs-Universität Freiburg im Breisgau.
November 2007	Erstmals seit 1943 wieder in Kiew.
25.11.2007	Tod des Sohnes Johannes.
November 2009	Der Dokumentarfilm von Vadim Jendreyko über Swetlana Geier, *Die Frau mit den 5 Elefanten*, kommt in die Kinos.
Oktober 2010	*Die Frau mit den 5 Elefanten* erscheint als DVD.
7.11.2010	Swetlana Geier stirbt nach dreimonatigem Krankenlager in ihrem Haus in Freiburg-Günterstal.
11.11.2010	Begräbnis auf dem Friedhof in Günterstal an Dostojewskijs Geburtstag (nach heutigem Kalender).

NACHBEMERKUNG ZUR TASCHENBUCHAUSGABE

Wie zur Bekräftigung von Marina Zwetajewas Wort, wonach Schöpfung eine gemeinsame Tat von Vereinzelten ist, die, «ohne voneinander zu wissen, dasselbe tun», hat es sich ergeben, dass das vorliegende Buch im selben Zeitraum Gestalt annahm, wie Vadim Jendreykos Filmporträt von Swetlana Geier, ‹Die Frau mit den 5 Elefanten›. In überraschender Weise ergänzen sich Film und Buch, über die bloße Synchronizität ihrer Entstehung hinaus, und vergegenwärtigen mit ihren je eigenen Mitteln die Übersetzerin so, dass ihre Tätigkeit zur Metapher wird, die an das Geheimnis dieses Daseins insgesamt rührt.

Gespräche und Filmarbeiten fielen in eine Zeit, in der sich Swetlana Geier unversehens einer Zerreißprobe ausgesetzt fand, die all ihre Kräfte zu rauben drohte. Jäh im Rampenlicht eines Ruhmes stehend, den sie nicht gesucht hatte, doch dankbar und erfreut aufnahm wie jeden noch so unerwarteten Besuch, ohne sich im Weiteren von Ehrendoktorwürden und Auszeichnungen beeindrucken zu lassen, musste sie ohnmächtig miterleben, wie ihr Sohn durch einen Arbeitsunfall aus dem Leben gerissen wurde. Sie, die als Mädchen und junge Frau fast traumwandlerisch durch die Abgründe des 20. Jahrhunderts hindurchgegangen ist, die man niemals klagen hörte, weder über die gewaltige Arbeitslast noch über Beschwerden, mit denen sie ihren zunehmend gebrechlicheren, sich jedoch unermüdlich auf den Beinen haltenden Körper gewiss nicht verschonte – sie ließ nun oft mit verletzlicher Stimme ihren Gram ins Gespräch einfließen.

Das «Widernatürliche», dass nicht der Sohn die Mutter, sondern die Mutter den Sohn zu Grabe tragen musste, nahm ihr lange Zeit jegliche Zuversicht, ihre Arbeit fortzuführen. Auch wenn sie sich schließlich wieder aufraffte, um nach den fünf großen Romanen Dostojewskijs – den «5 Elefanten» – auch den ‹Spieler› zu übersetzen: Über diesen Riss konnte und wollte sie wohl auch nicht mehr hinwegkommen. Ihr kurzes Krankenlager im Herbst 2010, von dem sie zweifellos wusste, dass es ihr letztes war, hatte denn auch nichts Bedrückendes. Das Leuchten ihres fein mit dem Silberstift des Geistes gravierten Antlitzes war nicht erloschen, einzig die jugendlich helle Stimme, lebendiger Ausdruck ihres ganzen Wesens, verlor sich allmählich im Wortlosen. Dafür strahlte sie, vollkommen gelöst, durch ihr ganzes Sein aus, was vielleicht ihr tiefstes Lebensempfinden war: Dankbarkeit.

So bedauerlich es daher auch sein mag, dass ihre letzte Übersetzung, Dostojewskijs ‹Aufzeichnungen aus einem toten Haus›, zwei, drei Seiten vor Schluss abbricht – es erscheint wie eine Beglaubigung, dass ihr selbst in dem, was sie als ihre Lebensaufgabe annahm, das vielleicht Höchste gelungen ist, dessen ein Mensch fähig werden kann, fähig werden sollte: Alles loszulassen.

Gegen Ende von Vadim Jendreykos Film sieht man sie nachdenklich an ihrem Arbeitstisch sitzen. Mit einem zärtlich-skeptischen Blick auf den mühsam herbeigeschleppten Stapel ihrer Dostojewskij-Ausgabe bemerkt sie: «Man übersetzt das nicht ungestraft.» Dieser Satz, dem sich viele andere zur Seite stellen ließen, charakterisiert sie in ihrer trocken präzisen und zugleich assoziativ vielschichtigen Weise – ähnlich wie dank ihrem Wagnis Dostojewskijs Romanfiguren nun auch im Deutschen allein durch ihre Sprechweise Gestalt annehmen. Sorgsam jeder Sentimentalität entkleidet, mit der Metaphorik von ‹Verbrechen und Strafe› spielend, ihrem Durchbruch, ist der Satz gewissermaßen Bejahung durch Negation, Ausdruck existenzieller Dankbarkeit.

Was aber jene spezielle Dankbarkeit betrifft, die Swetlana Geier Deutschland gegenüber nicht nur empfand, sondern auch unbekümmert um das Befremden, das sie damit auslöste, äußerte: Sie mag ein Grund dafür sein, dass das Gespräch sehr einsilbig wurde, wo es um die ersten, höchst erniedrigenden, schließlich auch lebensgefährlichen Erfahrungen in Deutschland ging: Ostarbeiterlager, Ausgrenzung, Beraubung, Bombenangriffe, Gestapoverhöre. Als Nachgeborener kann man nicht umhin, den selbstlosen Einsatz jener Deutschen, die ihr das Leben gerettet haben und dabei, wie Graf

Stamati, selber große Risiken eingegangen sind, zusammenzusehen mit der Tatsache, dass durch sehr viel mehr Deutsche unzählige Menschen ermordet wurden, unter ihnen auch Swetlanas jüdische Schulfreundin. Dass sie ausschließlich die Dankbarkeit für ihre Rettung, nicht aber die Abscheu über die Greueltaten, die sie sehr direkt miterlebte, auf «Deutschland» übertrug – «Welches Volk hätte so gehandelt?» –, erscheint nicht nur schwer begreiflich, sondern den Menschen gegenüber, die sich für sie eingesetzt haben, ungerecht. Sind es doch *sie*, die gehandelt haben, sie als Einzelne, nicht das Volk.

Welcher Mensch aber wäre in all seinem Tun und Lassen verständlich, gerecht gar? Im individuellen Erleben und Erzählen zersplittert die rationale Geschichtsauffassung, klare Perspektiven ergeben sich erst aus sicherem Abstand. Und: Wie viel vermag ein Gespräch wiederzugeben von der Komplexität eines Individuums? – Trotzdem empfand ich es als Erlösung, wie Swetlana Geier auf die Erschießung der über 33 000 Juden in der Schlucht Babij Jar, die sie im Buch scheinbar unberührt erwähnt, im Film mit leiser Stimme eingeht: «Das hört nie auf ... Das hört nie auf ... Und es ist nie Vergangenheit geworden. Das tut mir so weh jetzt, beim Sprechen, wie vor sechzig Jahren.»

Dankbarkeit als Lebenshaltung ist das Gegenteil von Selbstzufriedenheit. Für Swetlana Geier war damit unauflösbar die Frage nach dem Sinn verquickt, eine Frage, die ihre Antwort paradoxerweise darin findet, dass sie Frage bleibt. Es ist die Frage, die sich einem Menschen, der Unvorstellbares durchgemacht und, während neben ihm Unzählige zugrunde gingen, überlebt hat, mit lebensbedrohlicher Schärfe stellt. Letztlich aber ist es die Grundfrage jedes Menschen, auch wenn sie sich selten derart unabweisbar ans eigene Dasein hängt: das Rätsel des Individuums, die Frage Ich?

Seit dem ersten, fast spielerischen Versuch 1957, sich mit der Übersetzung von Leonid Andrejews ‹Lazarus› den Herausforderungen zu stellen, die sich durch die «Inkompatibilität» der Sprachen ergeben, hat Swetlana Geier, wie die Bibliografie zeigt, neben Dostojewskij zahlreiche weitere Autoren aus dem Russischen «eingedeutscht». Erwähnt seien hier bloß Andrej Belyj und Andrej Sinjawskij / Abram Terz, deren Werk mich seit Jahrzehnten begleitet. Ihre Sehnsucht aber, gebildet aus Wunsch und Notwendigkeit, galt seit vielen Jahren zunehmend einer vollkommenen Neuübersetzung von Dostojewskijs großen Romanen. Darin ahnte sie, lange bevor sich durch glückliche Umstände eine Möglichkeit dazu ergab, den Fluchtpunkt ihrer Tätigkeit. Zufall ist das nicht. Dostojewskij, den sie als Menschen, wie sie meinte, nicht unbedingt gemocht hätte, war ihr in seiner Dichtung und in seinen Fragen in mancherlei Hinsicht wesensverwandt. Auch er ein Überlebender, der zudem bereits vor dem Erschießungskommando gestanden hatte, auch er in der unablässigen Spannung zwischen Dankbarkeit und Sinnsuche, zwischen Bedingtheit und Bestimmung, am Ort des Menschen, wo nichts vorgegeben, wo alles möglich ist, wo das eigene Ich sich unvoreingenommen entgrenzt in lauter Du. Das uralte, ewig neu zu verwirklichende *Tat twam asi:* «Das bist du.»

Bestimmung ist hier übrigens wörtlich, nicht als Fatum aufzufassen; als jene den Menschen auszeichnende Gabe, mit der bereits Adam im Garten Eden betraut worden ist: alles durch die Stimme, die einem verliehen wurde, zu benennen – eben zu bestimmen. Und das heißt letztlich zu übersetzen: ins Wort.

Mag auch das Wort «übersetzen» eine falsche Übersetzung für den damit bezeichneten Vorgang sein, wie Swetlana oft betont hat – der Begriff, auf den es deutet und der sich sachgemäß der Definition entzieht, entspricht ihrem Leben zutiefst. Einem Leben zwischen den Sprachen (und den aus ihnen hervorgehenden Kulturen), zugleich aber *in* der Sprache. Denn dieses «Zwischen» meint nicht Unzugehörigkeit, deutet vielmehr auf die schöpferische Mitte, den Ort der Mittlerin, hin.

Wer so, wie Swetlana Geier, dazwischen steht, ergreift nicht Partei, sucht vielmehr dem Ganzen zu dienen, das sich ihr dank Erfahrung, Einsicht, Intuition – und rastloser Arbeit – auftut.

«Man übersetzt das nicht ungestraft.» Mögen auch etliche Stehsätze (wie Puschkins beharrlich brummender Käfer) seit Jahrzehnten zu ihrem Repertoire gehört und so etwas wie die Kettfäden ihrer Sprachtextur gebildet haben – es waren vor allem solche virtuosen, lapidar-ironischen, gelegentlich auch bissigen, stets scharfsinnigen, allem Gängigen quer laufenden sprachlichen Einschläge, die ihre Gespräche und Reden, denen man einen Eckermann gewünscht hätte, mit ungemein befreiender Kraft versahen. Übersetzen, ist man versucht zu sagen, war für sie Befreien. Befreien des Individuellen im Hinblick aufs Ganze. Das gilt für ihre berufliche Tätigkeit, mehr noch aber für ihr Leben, wobei für sie eine solche Unterscheidung immer mehr an Bedeutung verlor.

So wuchs sie in ihrer hartnäckigen Treue zum Original in den beiden letzten Jahrzehnten ihres Lebens, die fast ausschließlich im Zeichen Dostojewskijs standen, weit über ihren Beruf hinaus, ohne ihn herabzusetzen. Im Gegenteil: Auch wenn ihr dies scheinbar überhaupt nicht wichtig war («Den besten Ruf hat eine Frau, wenn sie gar keinen hat»), ist es zu einem großen Teil ihr Verdienst, dass die Leistung der Übersetzerinnen und Übersetzer ins allgemeine Bewusstsein gerückt ist, während es noch gar nicht so lange her ist, dass oftmals im Impressum eines Buchs zwar der Umschlaggestalter und sogar die Schrifttype genannt wurden, nicht aber der Übersetzer.

Das Eigentliche und Besondere an Swetlana Geier aber scheint mir, dass das Original, das ihr im Übersetzen unerreichbarer Gegenstand der Sehnsucht blieb, sich in der Textur ihres Lebens in einem Grad verwirklicht hat, der in unserer Copy-Paste-Zeit eine provozierende und befreiende Ausnahme bildet. Es ist ihre Authentizität, die Unerschrockenheit und Erhabenheit eines Menschen, der sich selbst ist, nicht nur für sich selber, sondern immer und überall. Ihr «Gestraftsein», wenn man so will, bestand darin, dass sie sich nicht verstellen konnte. Egal, ob sie am Küchentisch saß, in ein Mikrofon sprach, vor der Kamera stand, auf dem Podium, im Hörsaal – sie ließ sich in ihrem Wesen und Wort durch keine Umgebung beeindrukken, beeindruckte vielmehr in jeder Umgebung durch ihr Wort, ihr Wesen.

Das Phänomen, dass die Veranstaltungsräume jeweils randvoll besetzt waren, wenn sie irgendwo auftrat – und sie trat überall auf, wo man sie bat –, der weltweit anhaltende Erfolg des Films: Sie haben wohl eben mit dieser in unseren Zivilisationen weitgehend verschwundenen Selbstverständlichkeit eines authentischen, «ganzen» Menschen zu tun. In ihrer Authentizität gelang es Swetlana Geier durch ihren überragenden Intellekt und Witz, ihre Wärme und Weisheit, alle Menschen anzusprechen und in Bann zu schlagen. Und sie tat dies geistesgegenwärtig, gelassen, auf stets atemberaubend hohem Niveau. Ganz nebenbei widerlegte sie so die verächtliche Meinung, man müsse den Leuten Junk Food bieten, um sie bei Laune zu halten.

Swetlana Geiers Popularität, im besten Sinn, lag gerade darin, dass sie sich niemandem anbiederte, dass sie vielmehr auf zauberhafte Weise verstand, die Menschen ihr gegenüber in den Begegnungsraum einer Aufmerksamkeit zu führen, wo sie nicht nur ihrem Gedankenflug zu folgen in der Lage waren, sondern selber die Souveränität erlebten, die ein Mensch zu erlangen vermag. Und in der unvollkommenen Übersetzung unseres Wesens, als die sich das eigene Leben darbietet, erwachte die Sehnsucht nach dem Original.

Taja Gut, Zürich, Anfang Juni 2011

Ein bewegendes Filmporträt über Swetlana Geier

Die Frau mit den 5 Elefanten

Ein Film von Vadim Jendreyko
Schweiz / Deutschland 2009

Mit 85 Jahren reist Swetlana Geier zum ersten Mal seit dem Krieg
zurück an die Orte ihrer Kindheit in der Ukraine.
Der Regisseur Vadim Jendreyko begleitete sie auf dieser Reise.

Der Film verwebt Swetlana Geiers Lebensgeschichte mit ihrem
literarischen Schaffen und spürt dem Geheimnis
dieser unermüdlichen Mittlerin zwischen den Sprachen nach.

Er erzählt von grossem Leid, stillen Helfern und unverhofften
Chancen - und einer alles überstrahlenden Liebe für Sprache.

Der Regisseur Vadim Jendreyko (geb. 1965) lebt und arbeitet als
freischaffender Filmemacher in der Schweiz. Er realisierte mehrere
Dokumentarfilme, u.a. «Bashkim», mit dem er 2002 den Schweizer
Filmpreis für den besten Dokumentarfilm gewann.

«Die Frau mit den 5 Elefanten» feierte 2009 seine Premiere, wurde zu
vielen Festivals eingeladen und gewann mehrere Preise. Er läuft in
Deutschland und der Schweiz in den Kinos und ist als DVD erhältlich.

Nähere Informationen zur Kinoprogrammierung und
zum DVD–Vertrieb:

www.5elefanten.ch

Fjodor M. Dostojewskij
Der Spieler
Roman
In der Neuübersetzung von Swetlana Geier
Band 18899

Spielen bedeutete für Dostojewskij gegen das Schicksal zu wetten. Genauso ist dieser Roman entstanden – in vier Wochen, und wäre er nicht fertig geworden, hätte er alles an einen habgierigen Verleger verloren. ›Der Spieler‹ gelang – das rasende Porträt eines Spielsüchtigen in den mondänen deutschen Casinos der Zeit. Dostojewskijs spannendster und kürzester Roman in der gefeierten Neuübersetzung von Swetlana Geier.

»Dostojewskijs waghalsigste Partie.«
Urs Heftrich, Neue Zürcher Zeitung

Fischer Taschenbuch Verlag